그때 그 시절, 우리가 사랑한 노래들

그때 그 시절,
우리가 사랑한
노래들

배기성 지음

일러두기

1. 책에 수록된 모든 노랫말에 대한 저작권은 한국음악저작권협회를 통해 사용 승인을 받았습니다. 대부분의 수록 사진 또한 사용 허락을 받았으나 일부는 저작권자를 확인하지 못한 상태로 출판하였습니다. 저작권자가 확인이 되면 연락이 닿는 대로 적법한 절차와 합리적 출판 관행에 따라 게재 허가를 구하겠습니다.
2. 노래와 시는 홑낫표(「」)로, 앨범과 단행본, 신문은 겹낫표(『』)로, 영화와 판소리, TV·라디오 프로그램은 홑화살괄호(〈 〉)로 표기했습니다.

대중가요와
한국 근현대사

○

그동안 셀 수 없이 많은 가요가 세상에 나왔다. 그런데 그에 비해 우리가 기억하는 대중가요는 그리 많지 않다. 인기곡 중에서도 '메가 히트'를 기록한 '국민 가요'는 줄잡아 백여 곡 정도 될 것이다. 외국에서 들어온 팝송도 마찬가지다. 길에서 들었을 때 가수와 제목을 바로 떠올릴 수 있는 노래가 과연 몇 곡이나 될까. 이 책에서는 잊혀가는 수많은 노래 가운데 우리 가슴에 남은 노래들을 조명해 보았다. '국민 가요'와 '국민 가수'는 도대체 어떻게 탄생했을까. 그들은 아무런 정치·사회적 기반 없이 사랑을 받았을까. 필자는 이를 따져보는 것이 역사의 소이연所以然*을 밝히는 일이라고 생각한다.

수많은 단체에서 이 주제로 강연을 했다. 그때마다 많은 지성인과 예술인들로부터 큰 호응을 받았다. 그들이 그토록 열렬하게 호응해 준 까닭은 무엇일까. 필자는 그것이 학교에서 역사를 제대로 가르치지 않았기 때문이라고 생각한다. 조금 더 거창하게 말하면, 우리가 한창 지식을 쌓을 시기에 제대로 된, 수요자 중심의 교육을 받지 못했다는 것이다. 지금까지 필자의 강연을 들어주신 수강생분들과 이 책의 독자분들께 묻는다. 여러분들은 그동안 제도권에서 역사를 교육받고 행복했는가. 이 재미있는 역사를 다소 지루하게 배우진 않았는가.

대중가요를 비롯한 대중예술은 자본주의적이다. 노래를 감상하기 위해서 우리는 반드시 어떤 형태로든 대가를 지불해야 한다. 그에 따라 인기 가수를 중심으로 그 주변이 하나의 사업체가 된다. 프로듀서와 음반사, 디자이너, 사진작가, 방송 관계자, 광고업자는 물론이고 뮤직비디오 감독과 뮤직비디오에 출연하는 배우, 광고에 나오는 제품들, 그 제품 제조사의 사장 및 직원들 모두의 생계가 노래와 관계를 맺고 있다고 해도 과언이 아니다. 따라서 대중예술은 시장동향에 민감해질 수밖에 없고, 자

* 단순한 이유가 아니라 궁극 원인을 일컫는 말이다.

연스레 작품의 흥망성쇠는 시장동향을 얼마나 잘 읽어내느냐에 따라 결정된다.

또한 대중예술은 민주주의적이다. 왕정이나 독재정권이 아무리 예술을 사회와 사상의 통제 도구로 이용한다고 하더라도 대중예술의 자율성과 창작성을 완전히 억누를 수는 없는 법이다. 게다가 창작의 자유가 얼마나 보장되는지로 그 사회의 민주성을 평가하기도 하는 정도이니, 대중예술의 민주성에 대해서는 더 논할 필요가 없을 것이다.

동아시아 역사를 보면, 근대사회로의 진입은 자본주의 도입과 연결되어 있고 현대사회는 민주주의, 헌법제정과 밀접한 관계가 있다. 우리나라 또한 민주주의와 자본주의의 기본 원칙이 담긴 헌장이 공표된 1919년 대한민국임시정부 수립 이후를 현대로 보는 것이 통설이다. 그렇다면 자본주의적이면서 민주주의적인 대중예술이야말로 근현대사를 설명하는 가장 좋은 도구라는 것이 필자의 판단이다. 어떤 가수, 어떤 노래는 왜 한 시대를 대표하게 되었는가. 그런 노래를 듣던 당시 민중들의 마음은 어떠했으며, 당시는 어떤 사회였기에 민중들이 그토록 대중가요에 공감하고 열광한 것일까.

과거 상류층의 시선에는 대중문화가 속칭 '딴따라 문화'로 비치곤 했다. 이와 같은 것이 어떻게 역사 서술의 소재가 될 수 있겠느냐고 비웃는 이도 있었던 것이 사실이다. 그러나 누가 뭐라

해도 대중예술에는 민중의 염원이 반영될 수밖에 없으며, 민중의 염원이야말로 그 사회를 비추는 거울이다. 여기서 하나의 단어를 소개한다. 저류지속성底流持續性. 이는 우리 사회의 깊은 곳에서 지속적으로 축적되며 부드럽게 흐르는 성질을 이르는 말로, 민중의 염원과 열망 또 그것을 품은 대중가요의 특성을 잘 나타내는 단어라고 할 수 있겠다. 필자는 이 책에서 민중을 중심으로 우리의 근현대사를, '역사적 저류지속성'을 서술해 보려 한다.

20세기 초 일찍이 식민지를 경험한 나라 중에 이토록 역동적인 민주주의를 이룩한 나라는 대한민국이 유일하다. 그런 역사를 만들어낸 민중이 걸어온 길을 추적해 역사책으로 만드는 것, 그래서 누가 읽어도 재미있는 역사책을 만드는 것이 필자의 목표이다. 자, 신바람 나게 노래를 흥얼거리고 어깨춤 추면서 책 읽을 준비가 되었는가. 그렇다면 이제 책장을 넘길 차례다.

2부 1970년대 황폐한 대지 위에서 피어나는 꽃

3부 1950~1960년대 대한민국 대중문화의 태동

4부 일제강점기 우리 민족의 설움을 노래하다

1부

1980년대

터져 오르는

민주주의

사랑도 명예도 이름도 남김없이 한평생 나가자
던 뜨거운
껴 새날이
세월은 흘러가도 산천은 안다 깨어나서 외쳐
는 뜨거운 함성 앞서서 나가니 산 자여 따르라
뜨거운
눈에 쓰거운 눈물을 한 줄기 가뭄로 흘겨 고친
맘땅을 함께
의 물결 남자
평생 그리운 얼굴을 그 아픈 추억도 이 짧았던
내 젊음도 헛된 꿈아 아니었으리 그날이 오면
그날이 오면 그대는 왜 촛불을 키셨나요 그대
는 왜 촛불을 키셨나요 끝없는 그 어둠을 누구
에게 말할까요 정없는 촛불이여 외로운 불빛이
여 너마저 꺼진다면 꺼긴다만 꺼진다면 바람
아 멈추어라 촛불을 지켜다오 바람아 멈추어
라 촛불을 지켜다오 연약한 이 여인을 누가 누
가 누가 지키라

5·18 광주 민주화운동과
「임을 위한 행진곡」

○

유신정권이 종말을 맞고 두 달이 지난 1979년 12월 12일, 민주화에 대한 열망을 꺾어버린 사건이 일어난다. 이른바 12·12 사태, 전두환에 의한 쿠데타였다. 또다시 군사정권이 들어설 것이라고는 생각하지 못했던 시민들은, '서울의 봄'이라 불리는 이 시기 민주화를 위해 분주하게 움직이고 있었다. 그런 와중에 신군부가 정권을 장악해 버린 것이다.

이 사태의 가장 큰 희생양은 당연히 민주주의를 갈망하던 우리 국민들이었다. 당시 시민사회의 요구사항은 간단했다. 유신헌법 폐지와 대통령직선제. 이에 1980년 5월 20일 국회를 열어

이 사항을 의논하기로 여야가 뜻을 모았다.

한편 그동안 억눌려 있던 민주화에 대한 국민들의 갈망이 1980년 5월부터 폭발하기 시작했다. 정권을 장악한 신군부에 맞서는 대규모 시위가 전국 각지에서 발생하기 시작했는데, 참으로 안타깝게도 이에 대한 전두환 신군부의 대응은 5월 17일 비상계엄의 전국적 확대였다. 국회를 강제로 폐쇄한 신군부는 '빛고을' 광주의 시민들을 무참히 짓밟기 시작한다.

당시 신군부의 시위대 무력 진압은 언론의 접근을 철저하게 차단한 상황에서 벌어진 일이었다. 이처럼 신군부가 사실을 감추어버린 탓에 오늘날까지도 극우 인사들이 민주화운동을 간첩이 주도한 것이라 주장하고 있다. 참으로 슬프고 안타깝다. 유엔군 사령부의 작전지휘 및 통제를 받아야 했던 우리 군에 1968년 대간첩작전에 한한 작전통제권이 주어졌다. 그러므로 1980년 5월 광주에서 국군이 국민에게 총을 쏜 사건을 정당화하기 위해서는 무조건 광주의 희생자들이 간첩이어야만 하는 것이다. 오늘날까지도 이어지고 있는 5·18 광주 민주화운동의 왜곡은 그렇게 시작되었다. 그렇게 신군부는 '저항하는 민중은 빨갱이'라는 논리로 대한민국헌법 제1조, "대한민국은 민주공화국"이며 "대한민국의 주권은 국민에게 있고, 모든 권력은 국민으로부터 나온다."라는 신성한 문구와 민주화를 부르짖던 시민들을 짓밟았다.

또한 신군부는 김영삼, 김대중, 김종필을 포함하여 수천 명의 인사들을 핍박했다. 광주 지역의 시위대는 연일 전두환 및 신군부의 퇴진과 목포 출신 정치인 김대중의 석방을 요구하며 민주화운동을 이어갔다. 당시 광주에 공수부대까지 투입된 것을 보면, 신군부는 힘으로 누르면 저항도 금방 사그라들 것이라 생각했던 것 같다. 그러나 현실은 그렇게 흘러가지 않았다. 공수부대가 투입되는 모습을 본 광주 시민들은 하나같이 분개했고 가두 시위, 차량 시위를 하며 저항해 나갔다.

슬프게도 신군부는 그러한 시위대를 단순 해산의 대상으로 보지 않았다. 공수부대는 강경 진압을 시작했고 끝내 비극적인 실탄사격까지 자행했다. 국민을 지키라고 쥐여준 총을 도리어 국민을 향해 쏘자, 광주 시민들의 마음속에선 공포보다 더 큰 분노가 파도처럼 일었다. 1960년 4·19 혁명 당시 시위대를 향한 경찰의 실탄사격으로 온 나라가 충격을 받았을 때와 마찬가지로 말이다. 최근 밝혀진 바에 따르면 당시 군은 헬기까지 타고 광주 시위대를 향해 사격을 퍼부었다. 신군부의 구성원들이 얼마나 잔혹했는지를 알려주는 대목이다.

이러한 5·18 광주 민주화운동을 상징하는 노래가 있으니, 바로 「임을 위한 행진곡」이다. 1981년경, 문필가이자 사회운동가였던 백기완의 장시 「묏비나리」의 한 부분을 차용하여 소설가 황석영이 작사하고, 제3회 MBC 대학가요제에서 은상을 수상한 김종률이 작곡한 노래로, 매해 5·18 광주 민주화운동 기념식에서 제창되는 노래다.

사랑도 명예도 이름도 남김없이
한평생 나가자던 뜨거운 맹세
동지는 간데없고 깃발만 나부껴
새날이 올 때까지 흔들리지 말자
세월은 흘러가도 산천은 안다
깨어나서 외치는 뜨거운 함성
앞서서 나가니 산 자여 따르라
앞서서 나가니 산 자여 따르라

「임을 위한 행진곡」가사 전문

2015년 5월, 당시 세간에서 뜨거웠던 이슈가 있었다. 박근혜 대통령과 새누리당 김무성 대표는 과연 5·18 광주 민주화운동 기념식에 참석할 것인가. 그들이 과연 5·18 광주 민주화운동을 상징하는 노래 「임을 위한 행진곡」을 부를 것인가. 결과는 '아니오'였다. 대통령과 여당 대표는 결국 기념식에 참여하지 않았으며 정부는 「임을 위한 행진곡」 제창을 거부하기까지 했다. 그로써 당시 행정부와 집권 여당이 대한민국 민주화의 역사를 전혀

「임을 위한 행진곡」의 악보, 1981년.

1981년 김종률이 작성한 것으로 추정되는 악보다. 4/4 박자 단조의 행진곡에 비장한 의지와 용기, 결단을 담은 노랫말을 입혔다. 「임을 위한 행진곡」은 당시 서울과 광주에서 빠르게 구전되며 전국으로 확산되었고, 이후 5·18 광주 민주화운동을 대표하는 노래로 자리매김했다. 사진 제공: 5·18민주화운동기록관 인정하지 않는다는 인식을 만천하에 보여주었다.

당시 필자는 청년들을 위한 대안 대학교에서 '대중가요와 현대사'를 주제로 강연을 하고 있었는데, 2015년 5월 18일은 그 네 번째 강연이 열리는 날이었다. 그날 강연의 제목은 '역사여, 열사여'였다. 한국 현대사에 영향을 미친 민중가요와 노래를 부른 가수들 그리고 노래에 얽힌 사연들을 집중 조명하는 시간이었다. 무려 80여 명의 학생들이 모였다. 대안 대학교 역사상 가장 많은 수강생이었다.

강의 제목 '역사여, 열사여'는 문익환*목사가 1987년 7월 9일 고 이한열 열사의 장례식에서 행한 역사적인 연설에서 차용한 것이었다. 당시 문익환 목사는 1970년 돌아가신 전태일 열사부터 1987년 희생된 박종철 이한열 열사까지, 군사독재 권력에 의해 희생된 열사들의 이름을 하나하나 목 놓아 부르면서 그들의 원혼을 달랬다. 그들의 고귀한 순국 덕분에 우리가 민주주의를 이룩할 수 있었음을 외친 초혼가招魂歌였다.

필자는 강의 도중 감정을 억누르지 못하고 이렇게 말했다. "민주적인 선거를 통해 선출된 정부가 왜, 나라의 주인인 국민이 헌법적 권리를 지켜내고자 독재와 맞서 싸운 '민주화운동'을 상징

---

*목사이자 사회운동가이며 시인이었다. 제13대 국회의원 문동환의 형이자 오페라 연출가 문호근과 영화배우 문성근의 아버지였고 시인 윤동주의 죽마고우였다. 김일성을 만나 친북 기독교인이라는 오명까지 쓰면서도 통일이 되지 않으면 진정한 민주화는 어림도 없다는 지론을 끝까지 가지고 살았으며, 사회적 개혁이 결국 이루어질 것이라는 희망을 놓지 않았다.

하는 「임을 위한 행진곡」의 제창을 거부하는 걸까요. 왜 사회의
분위기를 이토록 무섭게 만드는 것일까요." 그날 강의실에서는
「임을 위한 행진곡」이 울려 퍼졌다.

왜 이명박 박근혜 정부에서는 이 노래의 제창을 금지하려고
했던 것일까. 왜 이 노래를 두고 그토록 이념 논쟁을 벌인 것일
까. 정부 차원에서 그렇게 제창을 금지하고 불온시하면 이 노래
가 사라질 것이고, 이 노래가 사라지면 노래에 깃들어 있는 민중
의 저항 정신도 사라질 것이라고 생각한 것일까. 그러나 필자는
강연을 듣는 학생들의 비장한 눈빛을 보며 어두운 국면에도 저
류에 존재하는 시민의식은 결코 변함없을 것이라고 확신했다.

가왕이 목 놓아 외친 한마디
"촛불을 지켜다오!"

○

가왕 조용필에 대해 세간에서 말하는 것이 있었다. "조용필은 항상 가장 먼저 호명되고 가장 마지막에 나온다." 그렇다. 맨 처음에 "오늘 조용필 씨가 나오십니다."라고 말해두면 관객들이 기대감을 가지고 끝까지 자리를 뜨지 않았다. 1980년대 조용필이 피날레를 다른 가수에게 넘긴 적이 없던 것으로 기억한다. 그렇다 보니 조용필 본인도 자긍심을 가질 수밖에 없었을 것이다.

그런데 1980년 11월 29일은 조금 달랐다. 그도 그럴 것이 그날은 TBC 동양방송의 〈쇼쇼쇼〉가 고별 방송을 하는 날이었기 때문이다. 1980년 11월 12일 서울 종로구 소격동에 위치해 있던 국군보안사령부에 언론사 사주들을 불러들인 뒤, 모독하고 협박하여 강제로 언론사 통폐합 조치에 이의가 없다는 각서를 받아낸 이른바 '언론 통폐합 사건'*의 최대 희생양이 바로 TBC 동양방송이었다. 이 사건으로 인해 TBC 동양방송은 결국 11월 30일 폐국했다. 〈쇼쇼쇼〉의 마지막 방송과 황인용 아나운서가 진행한 라디오 〈밤을 잊은 그대에게〉의 마지막 방송은 유튜브에서 어렵지 않게 찾아 볼 수 있다.

〈쇼쇼쇼〉 마지막 방송, 인터뷰에서 "앞으로도 끊임없이 노력해서 여러분이 원하는 음악을 들려드리겠다."라고 말하는 조용필의 시선은 땅을 향하고 있었다. 조용필이 인터뷰를 끝내고 불렀던 노래는 당시 TBC 동양방송의 인기 드라마 〈축복〉의 주제가 「축복(촛불)」이었다. 이 노래는 드라마에 등장하는 시한부 여주인공의 운명과 잘 어우러져 인기를 끌었는데, 〈쇼쇼쇼〉 마지막 무대에서는 꽤 다르게 느껴졌다.

그대는 왜 촛불을 키셨나요
그대는 왜 촛불을 키셨나요

---

* 전두환 정권이 집권 초기에 저지른 최악의 언론탄압 사건. 1980년 3월부터 이른바 'K-공작 계획'이 진행되었고, 결국 그해 11월 언론 통폐합이라는 결과로 이어졌다. TBC 동양방송이 폐지되고, CBS 기독교방송은 보도 기능이 정지되었으며, 통신사도 오로지 연합통신만 존재하게 되었다. 언론이라는 민주주의의 상징이자 권력 견제 수단을 비틀어버린, 전두환 정권의 야만성을 그대로 드러낸 대사건이었다. 후일 서울중앙지방법원, 진실·화해를위한과거사정리위원회 등에 의해 '권력에 의한 언론탄압 사건'으로 공식화된다.

끝없는 그 이름을 누구에게 말할까요
철없는 촛불이여 외로운 불빛이여
너마저 꺼진다면 꺼진다면 꺼진다면
바람아 멈추어라 촛불을 지켜다오
바람아 멈추어라 촛불을 지켜다오
연약한 이 여인을 누가 누가
누가 지키랴

「축복(촛불)」에서

   신기하게도 당시 상황과 맞물려 조용필이 민주주의의 압살을 소리치는 것처럼 들린다. '바람'은 전두환 정권의 언론탄압을, '연약한 이 여인'은 TBC 동양방송을 위시한 통폐합되는 언론사들을, '촛불'은 민주주의가 다시 살아나리라는 희망, 그런데 너무 약한 희망을 상징하는 것이리라.

   민주주의 회복과 상식적인 나라 건설을 위해 다시 타오르기 시작한 국민들의 소중한 촛불, 몇 해 전 광화문광장을 가득 채운 촛불을 보면서 필자는 이 1980년 11월 29일 조용필의 〈쇼쇼쇼〉 마지막 무대를 떠올렸다. 2016년 당시 새누리당 의원이었던 현 김진태 강원도지사가 "촛불은 바람이 불면 꺼진다."라고 발언해서 수많은 국민들의 공분을 샀다. 오늘날 국회의원의 민주

조용필 2집 앨범, 1980년.
커버 배경은 미국 뉴욕에 있는 유명 음악
당 '카네기홀'이다. 조용필은 1980년대 초
한국 가수 최초로 카네기홀에서 공연을
했는데, 이를 기념하여 발매한 앨범이다.

주의에 대한 인식이 1980년대 민중들보다도 못하니 매우 화가
날 따름이다.

한편 조용필은 1960년대부터 박정희 정권이 진행해 온 개발
사업의 일차적 완성과 도시집중 현상을 알리는 존재이기도 했
다. 1985년에 발매되어 전국을 떠들썩하게 했던 「여행을 떠나
요」는 그의 대표곡 중 하나인데, 이 노래 가사도 자못 의미심장
하다.

푸른 언덕에 배낭을 메고
황금빛 태양 축제를 여는
광야를 향해서 계곡을 향해서

먼동이 트는 이른 아침에
도시의 소음 수많은 사람
빌딩 숲 속을 벗어나 봐요
메아리 소리가 들려오는
계곡 속의 푸르른 물 찾아
그곳으로 여행을 떠나요

「여행을 떠나요」에서

이러한 노래에 수많은 사람들이 공감했다는 것은, 서울을 비롯한 대도시권과 지방의 생활과 문화가 이 무렵 분리되기 시작했음을 의미한다. 즉 서울 및 부산 대구 인천 등의 대도시* 사람들에게 도심 밖 공간이 '그리운 고향'이 아닌, 휴가 때 여행을 가는 곳으로 인식되었다는 것이다. 그러므로 앞의 노랫말을, 고향에 대한 향수에 시달리던 사람들이 이젠 그냥 '서울 사람' 혹은 '부산 사람', 빌딩 숲 속에서 많은 이들과 부대끼며 각종 소음에 익숙해진 사람들이 되어버렸다는 것을 말해주는 대목으로 해석할 수도 있다.

5·18 광주 민주화운동, 언론 통폐합과 함께 반쪽짜리 민주주

* 광주, 대전, 울산 등은 1980년대 후반과 1990년대에 직할시로 지정됐다.

조용필 7집 앨범, 1985년.
명반으로 꼽히는 조용필 7집 앨범의 대
미를 장식하는 곡이 바로 「여행을 떠나
요」이다. 사진 출처: 국립민속박물관

의가 시작되었으니, 1987년 6·10 민주항쟁에 이르기까지 전두환
정권의 군사독재에 저항하는 민중들의 시위가 그치지 않음은
당연한 일이었다. 그런 와중에도 조용필의 공연은 엄청난 인기
를 끌었기 때문에, 당시 정부는 언론 카메라를 조용필에게 집
중시킴으로써 민주화운동이 들불처럼 번져나가는 현실로부터
국민들의 시선을 돌리려 애썼다.

　누구보다도 화려한 30대를 보낸 가수 조용필. 그는 1980년대
사회상을 보여주는, 그야말로 시대의 아이콘이다. 셀 수 없이 많
은 공연을 해왔겠지만, 필자에게 가장 감명 깊었던 조용필의 공
연은 앞서 언급한 TBC 동양방송 〈쇼쇼쇼〉 고별 방송 무대, 「축
복(촛불)」을 열창했던 그 공연이었다.

위축된 대중예술의 부활을 알린
또 한 명의 가왕

○

1984년 여름 남이섬에서 열린 제5회 MBC 강변가요제*에서 임성균이라는 남성 가수와 파마머리를 한 여성 가수의 혼성듀오 '4막5장'이 대상을 수상했다. 곡 이름은 「J에게」. 이 그룹의 여성 가수는 후일 조용필 다음가는 가왕의 칭호를 얻게 되는데, 바로 이선희를 두고 하는 말이다. 불교음악을 했던 대처승帶妻僧 아버지를 둔 그녀는 어렸을 적부터 노래를 매우 잘했다고 한다. 풋풋

---

* 1979년 경기도 청평유원지에서 시작된 창작 가요 경연 대회로, 2001년 제22회 MBC 강변가요제를 마지막으로 폐지되었다. 남이섬이라는 휴양지를 전국에 알린 프로그램이자 이선희, 이상은, 박미경 등 후일의 슈퍼스타를 발굴해 낸 프로그램이다.

한 이미지, 맑은 목소리에 폭발적인 가창력을 지닌 그녀는 지금
도 조용필과 함께 '가왕'으로 언급되고 있다.

　대중문화가 다양한 방면에서 꽃피우고 있던 1975년 12월, 그
엄동설한에 대중예술계를 춥게 만들다 못해 아예 급속도로 얼
어붙게 만들어버린 사건이 일어났다. 이른바 '대마초 파동'이다.
많은 연예인들과 예술인들이 교도소에 갔고 글, 그림, 노래, 연
극 등 수많은 예술 작품이 금지되어 채 피어보지도 못하고 사라
져 갔다. 문화계의 위축된 분위기는 권위주의 독재정권하에서
좀처럼 되살아나지 못했다. 안타깝게도 대중문화는 대중들에게
'타락' '퇴폐' 심지어 '저질의 그 무엇'으로 인식되었다.

　대마초 파동 당시 방송계도 난리가 아닐 수 없었다. 잘 알려진
예술가들이 모조리 출연 정지를 당해버린 탓에 신인 가수를 찾
아 나서야 했다. 이러한 분위기 속에서 탄생한 것이 〈MBC 대학
가요제〉〈MBC 강변가요제〉〈TBC 젊은이의 가요제〉 같은 무명
신인들의 데뷔 무대. 1977년부터 시작된 이 젊음의 축제에서
많은 걸작이 쏟아졌고, 마침내 1984년 이선희가 나와 가요계를
그야말로 평정해 버렸다.

　이선희의 이미지는 대마초 파동 이후 추락한 대중예술에 대
한 인식을 끌어올리기에 충분했다. 여성들은 팬클럽을 조직해
서 공연을 따라다니며 이선희에 환호했다. 소위 '언니 부대'였다.
이들의 맹활약은 당대의 스타 조용필과 전영록의 '오빠 부대'에

제5회 MBC 강변가요제 앨범, 1984년.
제5회 MBC 강변가요제 본선 진출 곡이 수록된 앨범. 대상 수상 곡인 「J에게」는 동명의 영화로 제작되고, 국내외 가수들이 리메이크하는 등 세대와 국적을 초월해 사랑받았다.

조금도 뒤처지지 않았다.

　이선희는 「아! 옛날이여」 「사랑이 지는 이 자리」 「영」 「나 항상 그대를」 등 누구나 다 알 만한 인기곡을 많이 남겼는데, 필자는 여기서 그녀의 대표곡으로 1980년대 서울 강동구 성내동 주민들을 그린 만화 〈달려라 하니〉의 주제가를 꼽고자 한다. 이선 희가 이 노래로 대중가요에 대한 이미지를 개선하고 전 국민에 게 '할 수 있다'는 희망과 함께 '힘차게 달려나가자'는 메시지를 심어주었기 때문이다.

> 난 있잖아 내 별명 악바리가 맘에 들어
> 그래야 이기지
> 모두 모두 제치고 달릴 거야 엄마 품으로
> 달려라 달려라 달려라 하니
> 이 세상 끝까지 달려라 하니
>
> 「달려라 하니(TV 만화 〈달려라 하니〉 주제곡)」에서

아이들이 따라 부르기 좋고, 어른들에겐 어린 시절을 떠올리 게 만드는 노래가 아닐 수 없다. 다음은 그녀의 인기곡 중 하나 인 「영」의 가사이다.

> 영 책갈피에 꽂아둔
> 영 은행잎은 퇴색해도
> 영 못 견디게 보고 싶은 영
> 넌 지금 어디에

영 나만 혼자 외로이

영 남겨놓고 어디 갔니

영 다시 내게 올 수 없니 영

난 너를 사랑해

땅거미 등에 지고 강가에 앉아

풀꽃 반지 끼워주며 속삭인 그 말

영 너는 잊었니 벌써 잊었니

돌아와 줘 나는 너를

너를 사랑해

「영」에서

1986~1987년은 플라자합의* 이후 우리나라의 경제가 삼저호
황**에 힘입어 수출 대호황을 누리던 시절이었고, 우리나라 국
민들이 전두환 독재정권에 맞서 가장 열심히 투쟁하던 시기였
다. 성장한 경제력으로 1986년 서울 아시안게임을 성공적으로
치러내면서 동시에 민주주의의 함성을 터뜨린 시기였던 것이다.

* 1985년 9월 22일 미국 뉴욕의 플라자호텔에서 당시 G5(미국, 영국, 프랑스, 서독, 일본)의 재무장관
과 중앙은행 총재들이 모여 한 합의를 이르는 말. 미국 달러화의 가치를 내리고, 엔화와 마르크화의 가
치를 절상함으로써 다른 나라들이 미국 제품을 더 저렴하게 수입할 수 있게 했다. 이는 장기적으로 일
본과 서독의 제조업 및 수출 경쟁력을 떨어트리는 결과를 가져왔고, 한국이 경제 발전을 이룰 수 있게
만들어줬다는 점에서 큰 의의가 있다.

** 1980년대 중반 이후 전 세계적으로 나타난 저유가·저달러·저금리 현상

이선희의 노래들은 이 시절을 대표하기에 조금도 부족함이 없는 건강한 매력의 대중문화 그 자체가 되어주었다.

●

새로운 소비계층과 함께 등장한 작은 거인

○

1984년 우리나라 가요계의 주인공은 '작은 거인' 김수철이었다. 1980년대 대학교가 전국에서 비약적으로 증가했는데, 무엇보다 대학생들이 김수철에게 큰 환호를 보내주었다.

1970년대 우리나라 대학 진학률은 10퍼센트가 채 되지 않았다. 그렇다 보니 대학생은 당시엔 '엘리트'였고 그 자체로 특권계층이었다. 그런데 1980년대에 접어들며 이러한 경향이 점차 바뀌기 시작한다. 전두환 대통령이 7·30 교육개혁 조치*를 통해 중고교생을 대상으로 한 일체의 사교육을 금지하고, 대학 입학시험을 객관식 시험으로 바꾸었다. 그리고 서울 소재 유명 사립대학교의 지방 캠퍼스 설립을 인가해 주고 사학재단 설립을 허가해 주면서 대학 진학률과 대학생 수가 비약적으로 증가한다. 온 국민이 자녀를 대학에 보내기 위해 전심전력으로 노력하기 시작한 시점이 바로 이 시기이다.

바로 이때 광운대학교 공과대학을 나온 김수철이 대학생을 위한 노래를 발표해 큰 인기를 끌게 되는데, 그 곡이 바로 「나도야 간다」이다.

봄이 오는 캠퍼스 잔디밭에
팔베개를 하고 누워 편지를 쓰네
노랑나비 한 마리 꽃잎에 앉아
잡으려고 손 내미니 날아가 버렸네
떠난 사랑 꽃잎 위에 못다 쓴 사랑
종이비행기 만들어 날려 버렸네

* 1980년 7월 30일 대학별 본고사 폐지, 일체의 과외 금지, 대학졸업정원제 실시 등을 골자로 하는 전두환 정권의 교육개혁 조치가 시작되었다. 특히 대학졸업정원제는 대학생 수를 급격히 증가시켰는데, 이후 우수한 성적을 가진 대학생이 상대평가에서 밀려 자살 소동까지 벌이자 1984년 그 비율을 자율적으로 낮추게 했고 결국 1988년에 다시 입학정원제로 회귀하게 되었다. 이 조치 이후 대학 입학시험은 객관식 선다형을 고집하고 있다.

나도야 간다 나도야 간다
젊은 나이를 눈물로 보낼 수 있나
나도야 간다 나도야 간다
님 찾아 꿈 찾아 나도야 간다

「나도야 간다」에서

작은 키, 수줍은 표정, 다리를 구부린 독특한 자세, 폴짝폴짝
뛰는 발랄한 안무도 인기를 끄는 데 한몫했지만, 역시 가장 결정

김수철 2집 앨범, 1984년.
수록곡인 「나도야 간다」 「젊
은 그대」 등이 크게 히트를 치
며, 김수철에게 KBS 가요 대
상 남자 가수상을 안겨주었다.

적이었던 것은 대학생이 새로운 소비계층으로 떠오르고 있는 것을 정확하게 읽어낸 김수철의 혜안이었다고 말할 수 있겠다. 작은 거인 김수철의 인기는 대중예술이라면 예민하게 사회 변화를 읽어낼 필요가 있음을 일깨워 주었다.

순수의 시대,
최성수와 김종찬

○

1986년 무렵부터 알게 모르게 우리의 삶에 자리 잡은 것이 있다. 다름 아닌 '전형典型'이다. 우리는 각자의 개성을 점차 잃어버리고 매스미디어에 나오는 삶에 우리 자신의 삶을 맞추기 시작했다. 심지어 '사랑의 모습'까지도 말이다.

설렘, 고백, 만남, 다툼, 이별, 아픔과 그리움. 사랑의 형태는 유행가나 광고, 드라마, 영화 등을 통해 '전형화'된다. 미디어에 등장하는 모습으로 우리, 사회 구성원들이 바뀌는 것이다. 그리고 우리는 이러한 현상을 '유행'이라 부르곤 한다.

최성수와 김종찬 이 두 가수는 새로운 시대를 열었다. 가수들

이 옆에서 시를 낭송하듯 가슴 절절한 이야기를 들려주던 발라
드의 시대, 필자는 이 시대를 '순수의 시대'라고 부른다.

그토록 사랑했던 그녀가 오늘 밤 내 곁에서 떠나갔네
소리를 내지는 않았지만 어깨를 들썩이며 돌아섰네
담배 연기에 눈물을 흘릴 뿐이라고 말했지만
슬픔이 물처럼 가슴에 고여 있기 때문이죠
오늘 밤만 내게 있어줘요 더 이상 바라지 않겠어요
아침이면 모르는 남처럼 잘 가라는 인사도 없이
사랑해요 그것뿐이었어요 사랑해요 정말로 사랑했어요

「남남」 중에서

최성수가 젊은 시절 이별을 겪고 직접 지었다는 노래 「남남」
의 노랫말이다. 이러한 모습이 당시 민중들의 마음에 자리하고
있던 '순수함'의 전형이었다고 할 수 있겠다.

곧이어 김종찬도 이 대열에 동참했다. 노래를 듣는 이들로 하
여금 '우리들의 이야기가 담겨 있구나!'라고 생각하게 만드는 노
래, 김종찬의 「당신도 울고 있네요」가 발표된다.

당신은 울고 있네요 잊은 줄 알았었는데

최성수 1집 앨범, 1986년.
수록곡 「남남」, 「그대는 모르
시더이다」 등을 최성수 본인
이 직접 작사, 작곡했다.

김종찬 2집 앨범, 1987년.
「당신도 울고 있네요」, 「토요
일은 밤이 좋아」 등이 수록
된 이 앨범으로 무명 가수였
던 김종찬은 단번에 스타덤
에 올랐다.

찻잔에 어리는 추억을 보며 당신도 울고 있네요
이렇게 만나게 될 줄을 그 누가 알았던가요
옛날에 옛날에 내가 울듯이 당신도 울고 있네요
한때는 당신을 미워했지요 남겨진 상처가 너무 아파서
당신의 얼굴이 떠오를 때면 나 혼자 방황했었죠

「당신도 울고 있네요」에서

유튜브에서 이 노래를 감상하다가 댓글을 보고 깜짝 놀랐다.
많은 이들이 자신들의 옛이야기를 댓글로 남겨놓은 것이다. 실
명까지 공개하며 그리운 이들에게 쓴 편지를 보고 미소를 짓지
않을 수 없었다.

'사랑'이란 순수한 감정은 이렇게 세월이 지나도 쉬이 사라지
지 않는 강력한 지속성을 가진다. 수많은 댓글만큼이나 오늘날
사랑의 모습은 다양하지만 그래도 오늘만큼은 그 시절, 미디어
의 발달과 함께 도래한 순수의 시대를 추억하며 감상에 젖어보
는 것이 어떨까.

1987년, 온 국민이 함께
부르짖은 '그날'

○

1987년, 우리는 불타는 1년을 보냈다. 격정적으로 뜨거운 눈물을 흘렸던 그 격동의 시기, 신호탄을 쏘아 올린 인물은 박종철이었다. 서울대학교 언어학과 박종철. '그날' 이후 전 국민의 뇌리에 남은 한 청년.

유난히 추웠던 어느 날, 서울 관악구 신림9동*의 한 하숙집으로 지명 수배범이 찾아온다. 박종철을 찾아온 박종운이었다. 박종철은 박종운에게 자신의 누나가 직접 짜준 목도리를 둘러주

---

* 지금의 대학동.

며 만 원짜리 한 장을 쥐여주었다. 오직 시국 사건에만 비상한 능력을 발휘하던 대한민국 경찰은 이 박종운을 추적하던 중 그가 박종철의 집에서 하루 묵었다는 사실을 알아냈다. 박종철은 곧바로 체포되었고, 차가운 남영동의 대공분실에서 잔혹한 물고문을 당하다가 질식사했다.

모두가 다 아는 대로, 당시 정권과 경찰은 이 사건을 은폐하기에 급급했다. 그러나 동아일보 해직 기자였던 이부영과 김승훈 신부, 김수환 추기경,* 부장검사 최환 등에 의해 그 추악한 진실이 모두 드러나게 되었다. 국민들은 경악을 금치 못했다. 이 사건은 끝내 6·10 민주항쟁의 도화선이 되었다. 저류에 머무르던 민중들의 민주주의에 대한 염원을 분출시킨 것이다. 마침내 민중들은 권력자들에게 이 땅의 주인이 국민이라는 것을 확실히 각인시키며 대통령직선제를 쟁취하게 된다.

고 박종철 열사가 생전 즐겨 불렀다고 알려진 노래가 하나 있다. 바로 전태일 열사의 추모곡이자 노래극 〈불꽃〉의 주제가 「그

---

* '박종철 고문치사 사건'이 일어난 후 명동성당에서 열린 고 박종철 열사의 추모 미사에서 김수환 추기경은 『성경』「창세기」 4장 9절을 인용하며 전두환 정권을 공개 비판하는데, 이것이 전국적인 반독재 민주화 투쟁의 신호탄이 되었다. 다음은 당시 김수환 추기경의 강론 중 일부이다.
"야훼 하느님께서 동생 아벨을 죽인 카인에게 '네 아우 아벨은 어디 있느냐?' 하고 물으시니, 카인은 '제가 아우를 지키는 사람입니까?' 하고 잡아떼며 모른다고 대답합니다. 창세기의 이 물음이 오늘 우리에게 던져지고 있습니다. '너의 아들, 너의 제자, 너의 젊은이, 너의 국민의 한 사람인 박종철은 어디 있느냐?' '탕 하고 책상을 치자 억 하고 쓰러졌으니 나는 모릅니다.' '수사관들의 의욕이 좀 지나쳐서 그렇게 되었는데 그까짓 것 가지고 뭘 그러십니까?' '국가를 위해 일을 하다 보면 실수로 희생될 수도 있는 것 아니오?' '그것은 고문 경찰관 두 사람이 한 일이니 우리는 모르는 일입니다.'라고 하면서 잡아떼고 있습니다. 바로 카인의 대답입니다."

노래를 찾는 사람들 2집 앨범, 1989년.
전태일 열사 추모곡 「그날이 오면」을 비롯하여 공장에서 일하는 여성 노동자들의 애환을 담은 「사계」, 소나무처럼 끈질기고 강한 민중의 생명력을 그린 「솔아, 푸르른 솔아」 등이 수록되었다. 앨범 커버에서 하얀색으로 칠해진 부분은 사망한 노동자들을 표현한 것이다.

날이 오면」이다.

한밤의 꿈은 아니리 오랜 고통 다한 후에
내 형제 빛나는 두 눈에 뜨거운 눈물들

한 줄기 강물로 흘러 고된 땀방울 함께 흘러

드넓은 평화의 바다에 정의의 물결 넘치는 꿈

그날이 오면 그날이 오면

내 형제 그리운 얼굴들 그 아픈 추억도

아 짧았던 내 젊음도 헛된 꿈이 아니었으리

그날이 오면 그날이 오면

「그날이 오면」에서

지도자를 국민의 손으로 뽑는 그 당연한 권리마저도 빼앗
긴 채, 이 노래를 부르면서 얼마나 가슴이 아팠을까. 이 노래는
1987년 그 뜨거운 한 해를 이끌었고, 1989년 민중가요 노래패
'노래를 찾는 사람들'에 의해 불려져 다시 한번 온 국민을 감동
시켰다.

1987년 이후의
민중가요

O

전두환 정권은 결국 저류에 머물던 저항 정신이 폭발한 1987년 6·10 민주항쟁으로 막을 내렸다. 국민들은 끝내 대통령직선제를 쟁취했고 국가 권력을 견제할 수 있는 헌법재판소를 새롭게 만들었다.

그런데 이처럼 찬란한 민주화의 결실이 노태우라는 전두환의 하나회 동료에게로 돌아가 버렸다. 1984년 민주화운동 조직체였던 민주화추진협의회를 결성한 김영삼과 김대중 두 정치인이 1987년 치러진 대선에서 분열함으로써 민주주의 회복의 찬스를 놓쳐버린 것이다. 게다가 박정희의 조카사위 김종필마저 지역주의를 앞세우면서 출마했기에, 1987년 민주화운동을 통해 개헌까지 이뤄낸 국민들로서는 아쉬움을 넘어선 원한이 남을 수밖에 없었다. 그리고 분열의 책임을 누구에게 두느냐를 놓고 망국적 영호남 지역갈등으로까지 번졌고 그것이 지금까지도 이어져 대한민국 정치 후진성의 가장 큰 원인이 되었다.

그러나 다음 해 치러진 총선에서 국민들은 야당이 여당을 포위하여 협공할 수 있도록 판을 짜주었다. 김영삼이 이끄는 통일민주당, 김대중이 이끄는 평화민주당, 김종필이 이끄는 신민주공화당, 노태우의 민주정의당이 한판 대결을 벌인 끝에 통일민주당 59석, 평화민주당 70석, 신민주공화당 35석, 민주정의당이 125석을 가져가며 여소야대 정국이 펼쳐졌다. 그로 인해 새 정부에서 전두환 정권의 비리를 파헤치는 청문회가 개최되었는데, 이때 전두환 전 대통령을 비롯하여 장세동, 안현태 등 정권 실세들과 현대그룹 정주영 회장, 풍산그룹 류찬우 회장, LG그룹 구자경 회장 등 재벌 회장들이 청문회장에 증인으로 서는 놀라운 장면이 연출되었다.

바로 이 13대 총선 당시 부산 동구에서 전 정권 실세였던 허삼수* 후보를 누르고 통일민주당 소속 후보가 초선으로 당선되

---

* 안현태, 허화평 등과 함께 가장 잘나갔던 육군사관학교 17기 군 인사 중 한 사람으로, 육군 내 정치 사조직 '하나회'의 멤버이자 전두환에게 충성한 이른바 '삼허(허문도, 허화평, 허삼수)' 중 하나였다. 국군보안사령부를 숙정했고, 그 경험을 살려서 중앙정보부도 숙정했다. 1988년 총선에서 부산 동구에 출마하여, 군사독재 세력 대 민주 세력의 대결로 전국적 관심을 끌었다. 그 선거에서 노무현 후보에게 패배하였으나 바로 다음 총선에서는 노무현 의원에게 승리했다.

는데, 그가 바로 고 노무현 전 대통령이다. 이해찬 전 의원도 이 총선에서 초선으로 당선되었다.

　청문회에서 행정부가 입법부에게 난타당하고 전 정권의 온갖 비리가 폭로되자 국민들은 그야말로 정치에 열광했다. 이런 분위기에 민중가요가 빠질 리 없었다. '노래를 찾는 사람들'에 김광석이나 안치환 같은 유명 가수가 있었지만, 그들의 활동만큼은 상업성과 거리가 멀었다. 「빼앗긴 들에도 봄은 오는가」 「광야에서」 「일요일이 다가는 소리」 「임을 위한 행진곡」 「청산이 소리쳐 부르거든」 등의 비장미를 갖춘 이른바 운동권 가요들이 대학생들에 의해 퍼져나갔고, 「아침 이슬」은 금지곡이 되었음에도 전 국민의 사랑을 받았다. 「바위처럼」 「민들레처럼」 「서울에서 평양까지」 등으로 유명한 '꽃다지'의 경우, 1988년 조직된 '노동자 노래단'과 1989년 조직된 '삶의 노래 예울림'이 합쳐져 만들어진 노래패다. 이들의 노래는 90년대를 거쳐 지금까지 집회 및 시위에서 쓰이고 있다.

　바위처럼 살아가 보자
　모진 비바람이 몰아친대도
　어떤 유혹의 손길에도 흔들림 없는
　바위처럼 살자꾸나
　바람에 흔들리는 건

뿌리가 얕은 갈대일 뿐

대지에 깊이 박힌 저 바위는

굳세게도 서 있으리

우리 모두 절망에 굴하지 않고

시련 속에 자신을 깨우쳐 가며

마침내 올 해방 세상 주춧돌이 될

바위처럼 살자꾸나

「바위처럼」에서

암울한 시대 속 밝은 빛, 이선희

1975년 12월 대마초 파동 이후 강변가요제가 배출한 최고의 여성 가수는 바로 이선희였다. 앞서 「달려라 하니」와 「영」을 중심으로 그녀의 음악이 갖고 있는 건강하고 씩씩한 에너지를 서술했는데, 여기서 그녀의 가왕다운 면모를 조금 더 살펴보고자 한다.

그녀는 앞에서 언급한 「J에게」「달려라 하니」「영」 외에도 수많은 히트곡을 남겼다. 게다가 이선희만큼이나 가창력과 음색이 데뷔 때 그대로인 가수를 찾는 것도 결코 쉬운 일이 아닐 것이다.

그녀의 맑고 힘찬 목소리는 일종의 정화淨化 능력까지 갖고 있는 것으로 보인다. 그녀의 목소리가 가진 힘은 유시민 작가의 과거 이야기에 고스란히 나타난다. 서울대학교 학생들의 민간인 감금 폭행 사건*으로 구속되어 독방에 갇혀 있던 유시민 작가의 귀에

---

*1984년 서울대학교 총학생회 대의원회 의장이었던 유시민을 비롯한 서울대학교 학생들이 학교를 방문했던 민간인 네 명을 학생들을 사찰하기 위해 교내에 잠입한 가짜 학생 즉 '프락치'로 오인하여 감금하고 폭행한 사건이다. 다만 이 사건은 단순 폭행 사건으로 보기 힘든 점이 많다. 1980년대 초 경찰과 국가안전기획부는 대학생들의 반정부 활동을 잡아내기 위해 교내에 이른바 프락치를 잠입시켜 사찰을 했다. 폭력과 불법 사찰을 대놓고 일삼는 경찰의 이러한 행태에 대학생들의 경찰에 대한 적대감이 매우 높았던 시기였고, 이러한 사회적 분위기 속에서 발생한 사건이었다. 그야말로 시대의 큰 아픔이다.

수개월 만에 생전 처음 듣는 노래가 들려왔는데, 그 노래를 들은 유시민 작가는 자신이 마치 드넓은 풀밭을 내달리는 자유인이 된 것 같았다고 말했다. 그는 출소 후에야 그 노래가 「아! 옛날이여」라는 곡임을 알게 된다. 이선희의 목소리가 갇혀 있던 대학생에게 조차 '자유'를 느끼게 해준 것이다.

이젠 내 곁을 떠나간 아쉬운 그대기에
마음속의 그대를 못 잊어 그려본다
달빛 물든 속삭임 별빛 속의 그 밀어^{蜜語}
안개처럼 밀려와 파도처럼 꺼져간다
아 옛날이여 지난 시절 다시 올 수 없나 그날

「아! 옛날이여」에서

이선희 1집 앨범, 1985년.
「아! 옛날이여」는 이선희 1집 앨범의 타이틀 곡이다. 사진 출처: 국립민속박물관

"아 옛날이여"부터 폭발적인 성량으로 노래하는 후렴구인데, 당시에는 여성 가수 중에 이렇게 부르는 사람이 드물었기 때문에 이선희라는 가수가 대중에게는 신선하게 다가올 수밖에 없었다.

1986년에는 사랑에 빠진 여성의 애타는 속마음을 고백하는 「알고 싶어요」로 여성들은 물론이고 남성 팬들에게까지 환호를 받았고, 1988년엔 「사랑이 지는 이 자리」「아름다운 강산」「나 항상 그대를」 등 지금까지도 많은 사랑을 받고 있는 명곡들이 발표된다. 「아름다운 강산」은 1972년 정권에 의해 불온시되던 '록의 대부' 신중현의 노래를 재해석한 곡인데, 원곡은 발표 당시 박정희 정권에 의해 금지곡으로 지정되었었다.

우리는 이 땅 위에 우리는 태어나고
아름다운 이곳에 자랑스런 이곳에 살리라
찬란하게 빛나는 붉은 태양이 비추고
하얀 물결 넘치는 저 바다와 함께 있네
그 얼마나 좋은가 우리 사는 이곳에
사랑하는 그대와 노래하리

「아름다운 강산」에서

종합적으로 보면 이선희를 단순히 뛰어난 가수라고만 설명하

기엔 부족한 감이 있다. 실추된 우리 대중가요의 이미지를 제고
한 데 이어 군사독재의 암울한 기운마저 떨쳐버리게 해준 가수
이기 때문이다.

2부

1970년대 황폐한 대지 위에서 피어나는 꽃

두 가수의 라이벌 구도로
나타난 지역감정

○

1972년 6월 5일 아침, 인기 가수 나훈아가 피습당했다는 기사가 보도된다. 전날이었던 6월 4일 서울시민회관*에서 공연을 하던 중에 한 괴한에게 사이다병 파편으로 얼굴을 찔린 것이다. 그날 이후 이 사건은 가수 남진과의 라이벌 구도를 이야기할 때 언제나 가장 먼저 언급되는 사건이 되는데, 그 배후에 남진이 있는 게 아니냐는 말이 돌았기 때문이다. 전혀 사실이 아니었지만, 이러한 의혹은 이 두 가수의 라이벌 관계가 그만큼 팬들에게도 민

---

* 현 세종문화회관 자리에 있던 문화시설.

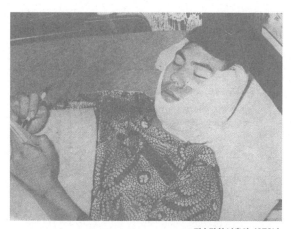

피습당한 나훈아, 1972년.
이후 건강을 회복한 나훈아는 비밀리에 공군에 입대해 화제를 모았다. 사진 제공: 김형찬

감한 주제였다는 것을 말해준다. 그런데 '나훈아와 남진'이라는 두 시대의 아이콘의 라이벌 구도는 당시의 사회적 분위기와 어떤 상관관계가 있었다.

1969년 삼선개헌 이후 김대중 의원이 대선후보가 되면서 본격화된 박정희와 김대중의 라이벌 구도는 영호남의 대결 구도*이기도 했는데, 후술하겠지만 1970년대 영호남 대결의 표상은 정치인이 아니라 목포 출신의 남진과 부산 출신의 나훈아 두 남성

---

* 우리나라의 정치 이야기를 할 때 절대 빼놓을 수 없지만 절대 공론화해서는 안 되는 사회적 금기가 바로 지역감정, 영남과 호남의 갈등이다. 필자는 오늘날 영호남 갈등의 시작을 1971년 제1대 대통령 선거로 보고 있다. 지금도 우리나라는 선거에 출마하거나 후보자를 알아볼 때 고향부터 확인하는데, 화합과 통합으로 가기 위해서 가장 먼저 청산되어야 할 우리 사회 최대의 적폐라고 할 수 있다.

'남진 대 나훈아' 공연 광고, 1971년.
세운상가에 있던 '살롱 아마존'에서 남진과 나훈아의 대결 공연을 기획했으나 성사되
지 않았다고 한다. 사진 제공: 김형찬.

가수의 대결이었다. 앞에서 이야기한 나훈아 피습사건 이후 두
가수의 팬들은 더 야수처럼 으르렁거렸다. 그만큼 두 가수의 노
래에는 영호남 사람들의 마음을 사로잡는 힘이 있었다.

먼저 남진이 1967년 발표한 「가슴 아프게」를 살펴보자.

당신과 나 사이에 저 바다가 없었다면
쓰라린 이별만은 없었을 것을
해 저문 부두에서 떠나가는 연락선을
가슴 아프게 가슴 아프게 바라보지 않았으리
갈매기도 내 마음같이 목메어 운다

「가슴 아프게」에서

　'당신'과 '나' 사이에 존재하는 '바다'로 인해 이별이 있었다. '바다'로 인해 공간적 분리가 있고 '연락선'이 유일한 교통수단인 것처럼 묘사하고 있는 것을 보면 섬과 육지가 연상된다. 영남 지역에선 섬을 연결하는 다리가 비교적 빠르게 건설된 것과 달리 호남에선 섬과 연결되는 다리가 건설된 것이 이 노래가 발표되고 한참 뒤의 일이었던 것을 생각하면,* 호남 지역민이나 호남 출신 사람들로서는 공감이 되지 않을 수 없었을 것이다.
　남진의 대표곡 「님과 함께」에서도 당시 사회상을 읽어낼 수 있다.

* 부산에서 1934년 영도대교가 개통되고 거제대교가 1971년, 남해대교가 1973년 준공된 것에 비해 호남 지역에선 1984년이 되어서야 진도대교와 돌산대교가 완공되었다.

저 푸른 초원 위에 그림 같은 집을 짓고

사랑하는 우리 님과 한 백 년 살고 싶어

봄이면 씨앗 뿌려 여름이면 꽃이 피네

가을이면 풍년 되어 겨울이면 행복하네

멋쟁이 높은 빌딩 으스대지만

유행 따라 사는 것도 제멋이지만

반딧불 초가집도 님과 함께면

나는 좋아 나는 좋아 님과 함께면

님과 함께 같이 산다면

「님과 함께」에서

　　이 노래는 일자리를 찾아 서울로 올라와서 고달픈 생활을 이어가고 있는 호남 사람들의 고향을 그리워하는 마음을 들쑤시기에 충분했다. 지금은 아파트형 공장이 들어선 구로디지털단지는 원래 '한국수출산업공업단지' 즉 가발 공장과 염색 공장, 면제품 공장이 즐비한 제조업 공장단지 중 하나였다.* 당시 이 지역의 공장에는 전국 각지에서 올라온 공원工員들이 많았는데, 특히 호남에서 올라와 힘들게 타향살이하던 이들에게 남진의 노

---

* 1964년 한국수출산업공단이 설립되면서 서울 구로구, 금천구 일대와 인천 부평구, 미추홀구 일대에 조성된 한국의 국가산업단지. 구로구와 금천구에 조성된 단지는 1980년대까지 '구로공단'으로 불렸다.

래는 꿈과 같을 수밖에 없었다.*

반면 나훈아는 영남 출신 사람들에게 인기가 엄청났다. 특히 「가지 마오」와 「고향역」의 인기는 가히 폭발적이었다.

사랑해 사랑해요 당신을 당신만을

이 생명 다 바쳐서 이 한목숨 다 바쳐

내 진정 당신만을 사랑해

가지 마오 가지 마오

나를 두고 가지를 마오

이대로 영원토록 한 백 년 살고파요

나를 두고 가지를 마오

「가지 마오」에서

코스모스 피어 있는 정든 고향역

이쁜이 곱쁜이 모두 나와 반겨주겠지

달려라 고향 열차 설레는 가슴 안고

* 이 시기 대중가요의 소비계층 중 빼놓을 수 없는 이들이 바로 공업단지의 공원들이었다. 당시 우리의 주된 수출 상품은 가발과 신발, 면 티셔츠 같은 의류제품 그리고 아주 값싼 화학섬유 제품으로, 우리나라는 값싼 노동력으로 만들어낸 저렴한 제품으로 세계시장에서 경쟁했다. 이러한 제품을 만들던 대표적 공업단지가 본문에서 설명한 구로와 가산의 공업단지, 인천 남동구와 부평구의 공업단지, 대구의 섬유 공업단지, 부산 사상구의 사상공업단지다. 이 공업단지들은 인근 지역의 이농민을 흡수했다. 이른 아침부터 밤늦게까지 이어지는 고된 노동 속에서 대중가요는 노동자들에게 안식처가 되어주었다.

눈 감아도 떠오르는 그리운 나의 고향역

「고향역」에서

코스모스는 가을꽃이다. 가을에 고향에 가야 하는 이유는 무엇일까. 그렇다. 바로 추석이다. 당시 우리 국민들의 귀향길에 항상 이 노래가 함께했다. 우리나라는 명절마다 전 국민이 대이동을 하는 나라이니만큼, 어떻게 보면 대단한 마케팅이었다는 생각이 들면서도, 사회현상과 국민 정서를 제대로 반영한 노래가 아니었나 싶다.

●

정권에 대한
경고장이 된 노래

○

1969년 박정희는 정권을 지속시키고자 '삼선개헌'을 강행한다.*
그런데 민주공화당의 원내총무였던 김택수와 김종필 등 여당
내 유력 인사들까지 거세게 반발하자, 박정희는 여당과의 상생
정치를 포기하기에 이른다. 그 뒤론 철저히 대통령비서실, 대통
령경호실, 중앙정보부 세 기관에만 의지하며 정치를 해나간다.
국회의원이 소속된 국회는 엄연히 대한민국의 입법부이며 입법

---

* 삼선개헌의 골자는 박정희 대통령의 3선 연임을 허용하는 것이다. 개헌 준비 단계부터 엄청난 국론
분열을 일으켰지만 정권은 결국 당내 반대파 세력을 제거하고 개헌을 성사시킨다. 이러한 민주공화당
의 박정희 장기 집권 계획에 맞서 신민당은 '40대 기수론'이라는 대안을 수립한다.

부의 주된 기능 중 하나가 바로 행정부 견제다. 그런데 그런 국회를 등지고 대통령 보좌기관에만 의존하여 정치를 하기 시작하였으니, 사실 유신체제는 예정된 것이나 다름없었다.

삼선개헌이 단행된 순간 그리고 유신헌법으로 초월적 종신 대통령이 탄생하는 순간 이 땅의 민주주의는 차례차례 무너져 내렸다. 여기서 살펴볼 노래는, 유신체제가 시작되고 2년 정도 지난 시점에 발표된 록밴드 '신중현과 엽전들'의 「미인」이다.

> 한 번 보고 두 번 보고 자꾸만 보고 싶네
> 아름다운 그 모습을 자꾸만 보고 싶네
> 그 누구나 한 번 보면 자꾸만 보고 있네
> 그 누구의 애인인가 정말로 궁금하네
> 모두 사랑하네 나도 사랑하네
> 모두 사랑하네 나도 사랑하네

「미인」에서

언뜻 보기에 평범한 노랫말의 이 노래를 두고 놀라운 일이 벌어진다. 우리 국민들이 이 곡을 정권에 대한 경고장으로 만들어 버린 것이다. 당시 대학가에서는 이 곡을 "한 번 하고 두 번 하고 자꾸만 하고 싶네."라고 개사하여 불렀다. 그렇다. 대통령을 그렇

신중현과 엽전들, 1973년.
가운데 눈을 뜨고 있는 이가 신중현이다. 사진 제공: 김형찬

게 하고 싶었나. 한 번 하고 두 번 하고, 그러고도 모자라 또 하려고 헌법까지 바꾸었나. 그렇게 대통령 자리를 지키고 싶어서 자신의 정적을 납치하고 해외로 망명까지 보내버렸나. 우리 국민들이 박정희에게 그렇게 물으며 경고장을 날린 것이다.

「미인」은 자연스레 공연, 방송 금지 처분을 받았다. 당시 정권은 왜 그렇게까지 대중가요와 가수를 탄압했을까. 대중가요의 힘을 알고 있었던 것이 분명하다. 민중들이 '충량한 국민'이 아니라 민주주의에 목말라하는 '저항적 시민'이 되는 것이, 저류에 머물던 개혁의 염원이 표면으로 분출되는 것이 어찌 두렵지 않을 수 있었겠는가.

건전가요와
음악 감상실 세시봉

○

'건전가요' 열풍의 시작은 누가 뭐래도 「새마을 노래」였다. 박정희가 직접 썼다고 알려진 이 노래는 「잘 살아보세」와 함께 대표적인 건전가요로 꼽힌다. 정부가 직접 보급한 노래라서 그런지, 1990년대 초반까지도 평일 새벽이 되면 이 두 곡이 번갈아 가며 아침 기상나팔처럼 동사무소 확성기에서 흘러나왔다.

　새벽종이 울렸네 새 아침이 밝았네
　너도나도 일어나 새마을을 가꾸세
　살기 좋은 내 마을 우리 힘으로 만드세

초가집도 없애고 마을 길도 넓히고
푸른 동산 만들어 알뜰살뜰 다듬세
살기 좋은 내 마을 우리 힘으로 만드세

「새마을 노래」에서

잘 살아보세 잘 살아보세 우리도 한번 잘 살아보세
금수나 강산 어여쁜 나라 한마음으로 가꾸어가면
알뜰한 살림 재미도 절로 부귀영화도 우리 것이다
잘 살아보세 잘 살아보세 우리도 한번 잘 살아보세

「잘 살아보세」에서

「새마을 노래」 음반, 1972년.
새마을운동에 맞춰 발매되었다.
사진 출처: 국립민속박물관

새마을기(旗).
새마을운동을 상징하는 기로, 1973년 제정되었다. 사진 출처: 국립민속박물관

농촌의 주택 개량 사업, 1973년.
새마을운동의 일환으로 농촌에서 대대적인 주택 개량 사업이 실시되었다. 사진 출처: 한국정책방송원

우리 대한민국은 그야말로 빈국이었다. 오늘날의 경제적 풍요는 우리의 어버이들이 죽기 살기로 건설적 노동에 매달린 결과다. 이를 누가 부정할 수 있으랴. 우리가 이용하는 지하철, 도로, 곳곳에 솟은 높은 빌딩들 모두 1970년대의 산물이다. 드넓은 한강을 가로지르는 스무 개가 넘는 대교 역시 1980년대 전두환 정권의 기획물이었다.

2013년, 새마을운동에 대한 1970년부터 1979까지의 기록이 유네스코 세계기록유산으로 등재되었다. 빈곤퇴치를 목적으로 민관군 합동으로 진행된 국토균형개발에 대한 모든 기록이다. 지금도 경제적으로 힘든 나라들은 앞다투어 새마을운동의 방법론과 정신을 배우고 있다. 1970년대 우리나라가 일본과 미국 그리고 프랑스를 배우기 위해 애썼던 것처럼 말이다.* 한편 이렇게 전국적으로 새마을운동이 진행되면서 건전가요 바람이 불던 시기, 대중문화계의 분위기는 어땠을까.

나이 든 가수들이 통기타를 연주하며 노래를 부르고 50대 60대 관객들이 손뼉을 치며 감동하는 장면을 텔레비전에서 자주 본다. 이른바 7080, 1970~1980년대에 유행한 노래들을 들려주는 프로그램이다. 가수들의 모습에는 수십 년 전 찬란했던 젊

---

* 유엔은 아프리카 각 나라의 빈곤퇴치 프로그램을 기획하면서 한국의 새마을운동을 그 모델로 삼았다. 반기문 전 유엔사무총장은 유엔 산하기관에 한국의 새마을운동을 배워볼 것을 권고했으며, 그 결과 탄자니아를 비롯한 74개국에 새마을운동이 수출되었다.

음이 사라졌는데도 그 목소리만큼은 여전한 경우가 많아서, 관객들도 자신의 청춘 시절을 추억하며 즐거워하곤 한다.

지금은 낙지 요리로 유명한 무교동. 약 50년 전 이 동네엔 음악 감상실 '세시봉'이 있었다. 오늘날에는 언제 어디서나 손쉽게 음악을 들을 수 있지만, 당시엔 음악다방이나 음악 감상실의 디스크자키에게 듣고 싶은 노래를 쪽지로 요청해야 했다. 당연히 인기 가요와 팝송 등이 자주 나왔는데, 〈별이 빛나는 밤에〉〈밤을 잊은 그대에게〉 등이 이런 방식으로 만든 라디오 프로그램이었다고 할 수 있다. 자연스레 음악 감상실 세시봉에는 음악적 재능이 뛰어난 이들 모여들었다. 그 대표적인 인물이 바로 송창식과 조영남인데, 이들은 세시봉에서 기타를 치며 자유롭게 노래를 불렀다.

1971년 3선에 성공한 박정희는 1972년 유신을 단행하면서 한국 사회의 이러한 문화적 흐름을 통제해 나가기 시작한다. 그런데 박정희 정권이 감시를 심하게 하면 할수록 세시봉 멤버들의 자유를 위한 열망은 더욱 거세졌다.

사실 이 시기는 세계적으로 사회변혁 운동이 크게 일어나던 때였다. 프랑스에선 미국의 베트남전쟁 참전에 대한 비도덕성을 외치면서 저항하는 반전反戰운동이 '68혁명'*을 거치며 들불처럼

---

* 1968년에 프랑스에서 학생운동이 노동운동과 결탁하여 일으킨 사회혁명. 총파업의 양상을 띠었으나, 드골 대통령이 의회를 해산하고 총선을 실시하여 수습하였다.

종로2가에 있던 세시봉의 입구 모습, 1960년대.
'매우 멋지다'라는 뜻의 프랑스어 세시봉(C'EST SI BON) 간판이 눈에 띈다. 음악 감상실 세시봉은
명동에서 시작하여 종로2가, 소공동을 거쳐 무교동에 자리하게 되었다. 사진 제공: 김형찬

번져나갔는데, 그 선두에 놀랍게도 대중 가수들이 있었다. 미국
과 영국 등에서는 평화를 노래하고 저항 정신을 표현한 록그룹
들이 큰 인기를 끌었는데, 비틀스와 이글스, 건스 앤 로지스 등

이 대표적이다. 그들은 국가가 정치와 경찰 그리고 군대의 힘으로 자유로운 창조 정신을 억누르는 것에 대해 저항했고, 결국 미국의 베트남전쟁 포기에 큰 영향을 끼쳤다.

이러한 서양 록 음악의 저항 정신과 음악의 풍風을 가져와 우리 젊은이들이 언제 어디서나 통기타나 하모니카만 있으면 자유로이 연주할 수 있는 음악을 만들어냈다. 조영남, 함춘호, 윤형주, 김세환, 송창식, 이장희, 김민기, 한대수, 양희은 등이 그 선봉에 있었고, 이들은 장발과 통기타 단속이라는 정부의 탄압마저 무색하게 만들 정도로 1960년대와 1970년대 우리 사회의 저류에 존재했던 권력에 대한 저항 정신을 끊임없이 유지시켰다.

'금지'의 시대에 쓰인
불후의 명곡

○

어쩌면 그 시대를 근면 성실하게 살아가던 사람들의 시선에는
조영남으로 대표되는 그 일군의 젊은이들이 모두 방탕하게 보
였을지도 모르겠다. 그러나 장발을 하고선 청바지 하나 입고 아
무 곳에서나 슬프면 슬픈 대로, 기쁘면 기쁜 대로 감정을 솔직하
게 표현하며 공연하던 그들은, 당시 거의 신드롬에 가까운 큰 호
응을 얻었다. 조영남과 윤동주의 육촌 동생 윤형주, 포크송 가수
송창식, 기타 연주 솜씨에 있어서 둘째가라면 서러울 정도로 실
력이 뛰어났던 함춘호, 맛깔나는 진행으로 세시봉을 더욱 빛나
게 했던 ROTC 장교 출신의 이상벽. 처음 음악 감상실 세시봉을

오가며 활동할 때 그들은 예상했을까. 그들이 1970년대 우리나라 젊은이들 사이에서 선풍적인 인기를 끌 것이란 것을 말이다.

그들의 영향력은 실로 대단했다. 남진과 나훈아가 모든 언론을 장식하고 있을 때, 대학생들을 비롯한 젊은이들은 세시봉의 통기타 가요와 팝송 번안곡에 열광했다.

왜 불러 왜 불러 돌아서서 가는 사람을
왜 불러 왜 불러 토라질 땐 무정하더니 왜 왜 왜
자꾸자꾸 불러 설레게 해
아니 안 되지 들어서는 안 되지
아니 안 되지 돌아보면 안 되지
그냥 한번 불러보는 그 목소리에
다시 또 속아선 안 되지

「왜 불러」에서

송창식의 「왜 불러」 1절 가사이다. 남녀가 헤어지는 장면이 묘사되었는데, 송창식 특유의 절규하는 창법 때문에 이별의 비통함이 더욱 절실하게 와닿는다. 이 곡은 영화 〈바보들의 행진〉에서 경찰의 장발 단속에 걸린 주인공들이 도망을 치는 장면에 삽입되었는데, 당시 정권이 이를 바로 금지곡*으로 지정했다.

영화 〈바보들의 행진〉 주제곡 앨범, 1972년.
송창식의 「왜 불러」와 「고래사냥」 등이
수록되었다. 사진 출처: 국립민속박물관

    같은 시대 같은 문화권에서 같은 언어를 쓰고 살아도 어떤 이
는 이들의 음악을 '방탕하다'며 배척했고 어떤 이들은 '순수하고
열정적'이라고 느끼며 열광했다. 분명한 것은 당시 정부에게는
'다름'으로 인정받지 못하고 배척되었다는 것이다. 이는 양희은
과 김민기도 마찬가지였다.

＊ 1960년대부터 1988년경까지 군사독재 정권은 국민을 계몽의 대상으로 보고, 자신들의 정책이나 사
회적 통념과 맞지 않는다고 판단한 모든 대중예술 특히 가요와 영화를 검열하고 금지하는, 이른바 '가
위질'을 했다. 지금 생각해 보면 정말 말도 안 되는 사유로 아무런 문제가 없는 노래들이 금지곡으로 지
정되곤 했는데, 당시 금지곡이 된 노래들이 오히려 대중의 더 큰 사랑을 받아 비밀리에 불리기도 했다.

너의 침묵에 메마른 나의 입술

차가운 네 눈길에 얼어붙은 내 발자욱

돌아서는 나에게 사랑한단 말 대신에

안녕 안녕 목메인 그 한마디

이루어질 수 없는 사랑이었기에

밤새워 하얀 길을 나 홀로 걸었었다

부드러운 네 모습은 지금은 어디에

가랑비야 내 얼굴을 거세게 때려다오

슬픈 내 눈물이 감춰질 수 있도록

이루어질 수 없는 사랑이었기에

「이루어질 수 없는 사랑」에서

　　양희은의 「이루어질 수 없는 사랑」의 가사인데, 놀랍게도 이
노래는 가사가 퇴폐적이라는 이유로 금지곡이 되었다. '밤새워'
홀로 길을 걸었다는 내용도 문제가 되었다. 자정이 넘으면 통행
이 금지되던 시기였기 때문이다. 유신 독재의 서슬 퍼런 군대식
통제 앞에서는 노래가 어떤 의미를 품고 있는지는 전혀 중요하
지 않았다. 1970년대 박정희 정권은 서구의 68혁명이 대표하는
세계적 변화는 고려하지 않았다. 젊은이들을 중심으로 확산되
던 히피 문화 등은 정권 입장에선 방탕하고 퇴폐적인, 가두고 통

양희은의 『고운 노래 모음 제3집』 앨범, 1973년.
「이루어질 수 없는 사랑」이 수록된 앨범인데, 「이루어질 수 없는 사랑」이 처음 발표된 것은
1971년이다. 사진 출처: 국립민속박물관

제해야 할 몹쓸 문화일 뿐이었다.

앞에서 언급했듯 독재정권은 그렇게 대중가요를 통제하려고
만 했는데, 이는 바꾸어 말하면 그만큼 대중가요의 영향력을 두
려워했다는 얘기가 된다. 국민들이 체제 저항적인 시민으로 변하
는 것이 두려워 노래하며 춤출 자유마저 빼앗아 버린 것이다.

탄압을 하는
다양한 방법

○

대한민국 국가정보원. 5·16 군사 정변의 주범인 김종필이 만든 중앙정보부와 1980년대 제5공화국 시절 국가안전기획부에 뿌리를 두고 있는 오늘날 국가 최고 정보기관이다. 정보기관이 없는 나라는 없다. 그들은 원훈석院訓石에 새겨진 그들의 지침처럼 '음지'에서 활동하면서 '양지'를 지향하며, 대통령이 국민으로부터 받은 통치권을 원활하게 행사할 수 있도록 보좌한다. 때로 악역을 맡으면서까지 말이다.

그런데 그런 '악역 행위'를 국가의 주인인 국민을 상대로 상시적으로 행한다면 중대한 문제가 생긴다. 권력이 칼자루를 쥐고

칼끝을 국민에게 겨눈다면 민주주의가 파괴되고 독재가 용인되는 사회가 되는 동시에 사회 분위기가 급격히 경직될 수밖에 없는 것이다. 이를 증명해 주는 역사 속 사례가 바로 1974년 8월 15일 박정희 대통령 저격 사건* 이후부터 1987년 6월 민주항쟁 이전까지 약 13년 동안의 대한민국이다. 이는 정확히 유신 철권통치와 제5공화국이라는 희대의 독재정권을 포괄하는 기간인데, 이 시기 대한민국은 중앙정보부와 대통령경호실 그리고 대통령비서실 이 세 기관에 의해 강압적이고 획일적으로 다스려졌다. 박정희와 전두환이라는 군 장성 출신 독재자들로 인해 국민들은 하루도 편한 날 없이 세월을 보냈고, 대중예술계에도 '암흑기'가 찾아왔다.

한국 록의 대부이자, 당시 저항적 음악으로 인기를 끈 신중현은 그의 대표곡 「미인」「거짓말이야」「아름다운 강산」 등을 통해 도발적 가사와 창법으로 당시의 강압적 사회 분위기에 정면으로 도전했다. 김민기 역시 그 특유의 차분한 톤으로 「아침 이슬」과 「천리길」 등을 통해 시대를 노래했다. 비틀스의 폴 매카트니처럼 신중현과 김민기 둘 다 작사, 작곡, 노래를 모두 하는 천재적 싱어송라이터였고, 당시의 시대정신을 구현하는 사람

---

* 서울 장충동 국립극장에서 열린 광복절 제29주년 기념 행사 도중에 재일 한국인 문세광이 박정희 대통령을 저격한 사건으로 흔히 '8·15 저격 사건'이라고 부른다. 이 사건으로 영부인 육영수 여사가 사망했다.

김민기 1집 앨범, 1971년.
당시 포크 음악은 외국 노래를 기반으로 한 번안곡이나 개사곡이 많았는데, 이 앨범은 대부분 김민기의 창작곡으로 이루어져 있다. 사진 제공: 김형찬

들이기도 했다.

긴 밤 지새우고 풀잎마다 맺힌

진주보다 더 고운 아침 이슬처럼

내 맘에 설움이 알알이 맺힐 때

아침 동산에 올라 작은 미소를 배운다

태양은 묘지 위에 붉게 떠오르고

한낮에 찌는 더위는 나의 시련일지라

나 이제 가노라 저 거친 광야에
서러움 모두 버리고 나 이제 가노라

「아침 이슬」에서

「아침 이슬」은 특별한 사유 없이 금지되는 바람에 저항가요
의 대표곡이 되었다. 예술성 측면에서 보면 이 노래의 금지 사유
가 무엇인지 짐작하기 힘든데, "태양은 묘지 위에 붉게 떠오르
고"라는 구절이 불순하다는 것이 세간에 알려진 사유다.

신중현과 김민기 등의 예술가들이 만들어낸 도전적 분위기에
당시 정권은 탄압의 방식을 바꾸기로 한다. 그 결과 일어난 것이
바로 '대마초 파동'이다. 당시 최고의 스타들이 구속되는 장면을
연출함으로써 대중예술계의 숨통을 한꺼번에 끊어버리려고 한
것이다. 오늘날 소수의 국가를 제외하고는 대부분의 국가에서
대마초 흡연이 불법인데, 놀랍게도 1970년대 중반까지 우리나라
는 대마초를 규제하는 법적 장치가 미비한 상태였다. 대마초 파
동이 일어난 해가 1975년인데 대마관리법이 시행된 것이 그보
다 뒤늦은 1977년 1월이니, 처벌부터 먼저 하고 나중에 법률이
생긴 참으로 희한한 상황이었다.

당시 정권과 중앙정보부는 대중예술계를 단체로 마약이나
하는 퇴폐 향락 집단으로 몰았다. 신중현, 윤형주, 송창식, 이장

희,* 김민기 등 대표적 청춘 가수들이 그 타깃이 되었다. 검거 열풍은 「돌아와요 부산항에」로 막 빛을 보기 시작한 조용필에게까지 불어닥쳤을 정도로 전방위적이었다. 대중예술계는 반사회적 집단이라고 온갖 핍박을 받았으며, 수많은 예술인들이 재판을 받고 수감되기까지 했다. 심지어 기독교를 비롯한 종교계에선 비틀스를 포함한 대중예술계 전반에 대해 '천박하고 타락한 사탄의 음악'을 하는 집단이라고 선포하기에 이른다. 이로써 대중예술계에서 자유로운 창작과 권력에 대한 저항의 분위기는 1987년 6월 민주항쟁까지 완전히 묻히게 된다. 그야말로 대중예술의 암흑기였다고 할 수 있다.

---

* 가수 이장희는 「그건 너」라는 노래로 단숨에 가요계 정상에 섰다. 그런데 대중예술계에 분 검거 열풍의 직접적인 원인을 제공한 노래도 다름 아닌 「그건 너」였다. 국민들이 "너 때문이야"라는 가사 앞에 박정희 대통령 및 권력자들의 이름을 넣어 개사해 불렀기 때문이다. 이는 당시 중앙정보부를 비롯한 권력기관에 탄압 구실을 마련해 줬다. 항간에는 이장희가 박정희 대통령의 아들이었던 박지만에게 대마초를 가르쳤다는 유언비어까지 돌았는데, 이 또한 탄압의 좋은 구실이 되었다.

전 국민의 음악 감상실
〈별이 빛나는 밤에〉

○

1969년 라디오가 본격적으로 전국에 퍼지기 시작하던 시절, 이종환이라는 디스크자키가 차인태 아나운서가 진행하던 명사 초청 대담 프로그램 〈별이 빛나는 밤에〉의 진행을 맡게 된다. 그때는 아무도 몰랐다. 이 배턴터치가 한국의 대중예술사에 큰 족적을 남기게 될 줄 말이다.

지금은 스마트폰만 있으면 다른 나라의 노래를 쉽게 들을 수 있지만, 당시엔 외국 노래의 유통경로가 매우 제한적이었기 때문에 다른 나라의 노래를 듣는 것이 쉬운 일이 아니었다. 그런 시대에 팝송을 소개하며 노래의 의미까지 설명해 준 최초의 디스크자키가 바로 이종환이었다. 1962년부터 시작된 그의 팝송 번역 취미를 프로그램에 활용한 것이 제대로 적중했다. 그는 청취율을 끌어올리는 수준을 넘어, 아예 전 국민을 〈별이 빛나는 밤에〉의 애청자로 만들었다.

1970년대엔 일반 국민이 외국으로 나가는 것은 불가능에 가까운 일이었다. 원양어선 선원이나, 외교관 혹은 항공사 관계자 등을 제외하면 해외에 나갈 수 있는 사람이 거의 없었다. 유학이나 여행, 이민 등은 일반인이 할 수 있는 것이 아니었다. 그런 환경이

디스크자키 이종환, 1971년.
1973년에는 이종환을 필두로 통기타 가수들이 모여, 음악 감상실 '쉘부르'를 세워 100여 명의 가수를 배출했다.
사진 제공: 김형찬

었던 1970년대 대한민국에서, 국민들은 이종환의 목소리를 통해 서양 선진국들의 음악과 각종 소식을 전해 들었다. 그리고 한편에서 〈별이 빛나는 밤에〉는 우리의 예술인들에게 '창조적 모방'의 좋은 토양을 제공해 주었다.

무엇보다 〈별이 빛나는 밤에〉는 사연을 받아 읽어주고 희망 가요를 틀어주는 '음악 감상실' 역할을 제대로 해냈고, 엽서 사연 소개는 온갖 유행과 갖은 에피소드를 만들어냈다. 아울러 라디오가 전국적으로 보급되고 전자산업, 음반산업 등이 부흥하게 되는 계기를 제공하기도 했다. 미국, 영국, 프랑스 등지의 음악을 소개, 평론하고 번안하는 전문가가 생겨났으며, 다른 방송사에서도 비슷한 콘셉트의 프로그램이 만들어졌다.*

1970년대에 서유럽과 미국의 음악을 접할 수 있는 대표적 채널 두 개를 꼽자면 용산 미 8군 위문공연 무대**와 이종환의 〈별이 빛나는 밤에〉를 꼽을 수 있을 것이다. 미 8군 무대가 다소 제한적인 채널이었던 반면 라디오는 전국 어디서나 누구든지 청취할 수 있는 매우 개방적인 채널이다 보니 그 영향력이 더 컸다.

---

* 〈밤을 잊은 그대에게〉의 황인용, 〈팝스 다이얼〉의 김광한, 〈두시의 데이트〉의 김기덕 등 다른 방송사에도 스타 디스크자키들이 있었다.

** 1950년대 한국전쟁 이후 미 8군이 주둔하고 있는 용산 등지에서 위문공연이 벌어졌는데, 미국 연예인들의 내한 공연도 있었지만 주 공연은 한국 연예인들의 공연이었다. 패티김과 길옥윤 그리고 이봉조라는 최고의 스타들도 이 무대에서 탄생했다. 미 8군 위문공연 무대는 1960년대 중반까지 한국의 대중예술계를 지탱해 주었다.

게다가 엽서를 쓰면 프로그램에 직접 참여할 수 있었으니 얼마나 매력적인가. 당시 국민들은 〈별이 빛나는 밤에〉로 인해 의도치 않게 사랑의 포로가 되어 팝송에 빠져들었다. 이런 관점에서 이종환이 최초의 '대중적 국제주의자'였다고 말할 수 있지 않을까.

개발되는 강남과
「제3한강교」

○

1960년대부터 사람들이 서울로 몰려들며 서울의 인구가 폭발적으로 늘어나자, 영세민과 지역에서 올라온 사람들이 산기슭에 판자로 집을 지어 살았다. 1966년 서울시장이 된 김현옥은 박정희 대통령의 지시를 받아 이러한 서울의 무허가 건물을 전수조사한 다음, 무허가 건물을 최대한 정리하고 그곳에 거주하던 도시 빈민들을 성남시*로 강제 이주시키거나 서울 시내에 아파트를 세워 거주토록 한다는 계획을 세운다. 그렇게 곳곳에 '시민 아

---

* 당시 경기도 광주군 일대.

무허가 건물 신고소, 1967년.

서울시청 앞에서 무허가 건물 신고, 접수를 받고 있는 모습. 서울시는 1967년 8월 4일부터 무허가 건물 단속을 위해 시민 신고제를 실시했고, 1970년엔 구청별로 무허가 건물 단속 기동대를 편성했다.
사진 출처: 서울기록원

와우아파트 붕괴 사고, 1970년.

1970년 4월 8일 오전, 마포구 창전동에 위치한 와우아파트(지상 5층, 15개 동 규모) 한 동이 붕괴하는 사고가 일어났다.
사진 출처: 서울역사편찬원

파트'가 지어지기 시작한다. 그런데 지나치게 짧은 기간 동안 졸속으로 지어져 아파트가 무너지는 사건이 발생하고* 일부 시민 아파트가 다시 철거되기에 이르는데, 이 사건으로 제4공화국의 행정부와 박정희 정권은 엄청난 타격을 입고 수도권에서 지지세를 크게 잃게 된다.

이때 추락한 아파트의 가치를 1970년대 중반 다시금 급등시킨 것이 강남 부동산 개발의 상징 중 하나인 압구정 현대아파트의 등장이었다. 당시 황무지와 농토에 불과했던 강남 지역이 성동구에서 독립하여 강남구로 만들어지는 계기로 작용한 이 아파트는 국민들에게 '명품 아파트'의 개념을 심어주기에 부족함이 없었다. 이후 투자 목적으로 아파트를 매입하는 현상까지 나타나게 되고, 그들 사이에서 '강남 아파트를 사면 절대 실패하지 않는다'는 뜻의 '강남 불패' 신화까지 생겨나게 된다.

강남 개발이 당시 얼마나 엄청난 붐을 일으켰는지, 길옥윤이 작사, 작곡하고 혜은이가 노래한 「제3한강교」의 '빅 히트'로 어느 정도 가늠해 볼 수 있다.

---

* 와우아파트 붕괴 사고. 착공 6개월 만에 완공되었는데, 철근이 일흔 개는 들어가야 하는 아파트에 고작 다섯 개의 철근만 사용되었다. 결국 완공 후 4개월 만에 붕괴되어 34명이 사망하고 40명이 부상을 입었다.

강물은 흘러갑니다 제3한강교 밑을

당신과 나의 꿈을 싣고서 마음을 싣고서

젊음은 갈 곳을 모르는 채 이 밤을 맴돌다가

새처럼 바람처럼 물처럼 흘러만 갑니다

어제 처음 만나서 사랑을 하고 우리들은 하나가 되었습니다

이 밤이 새면은 첫차를 타고 이름 모를 거리로 떠나갈 거예요

강물은 흘러갑니다 제3한강교 밑을

바다로 쉬지 않고 바다로 흘러만 갑니다

「제3한강교」에서

「제3한강교」가 수록된 혜은이의 앨범, 1979년.
사진 출처: 국립민속박물관

제3한강교(한남대교) 건설 공사, 1966년.
1966년 1월 착공된 제3한강교는 3년 11개월 만에 완공되었다. 제3한강교 건설 및 경부고속도로 개통으로 강남 개발이 본격화되며 투기 바람이 불었고 강남 땅값은 큰 폭으로 상승했다. 사진 출처: 서울역사편찬원

　'제3한강교'는 용산구 한남동과 강남구 신사동을 연결하며 경부고속도로의 진입로 역할을 하는 '한남대교'의 옛 이름으로, 강남 개발의 신호탄을 쏘아 올린 다리다. 그런데 「제3한강교」에서 묘사된 빠른 속도로 이루어지는 젊은이들의 애정 행위가 꼭 당시 속전속결로 진행된 강남의 개발을 연상케 한다. 이 노래는 발표 직후 금지곡이 되었고, 길옥윤은 건전가요풍으로 개사해

서 노래를 다시 발표했다.

개발 지역의 토지는 정권에 의해 헐값에 매입되었다가 엄청나게 비싼 가격으로 되팔렸다. 차익은 중앙정보부와 정권의 정치자금으로 돌아갔다. 이후 1980년대까지 강남 8학군이 집중적으로 개발되면서 경기고등학교, 휘문고등학교, 서울고등학교, 숙명여자고등학교 등의 이른바 명문 고등학교들이 강남과 서초구 등으로 이전했다.* 뒤따라 학부모들이 너도나도 강남으로 이사하면서 강남 개발과 부동산 가격 상승은 추진력을 받게 된다. 부촌으로서 명성을 얻은 것은 더 말할 나위가 없다. 자연스럽게 명품 백화점도 들어섰다. 이렇게 부촌과 중심지로서의 명성이 서울 도심에서 강남으로 점차 이동했다. 이러한 부동산 개발의 단면이 1978년 양재역 일대를 배경으로 한 영화 〈말죽거리 잔혹사〉나 이민호 김래원 주연의 영화 〈강남 1970〉에도 잘 나타나 있다.

강남 개발이 한창 진행되던 1970년대 후반은 이촌향도 현상이 절정에 달했던 시기다. 고향을 떠나 도시에 자리를 잡고 살아가던 사람들이 시간이 지날수록 인정 많고 마음씨 고운 사람들

---

* 1969년 서울에서 중학교 입시가 폐지되고 1974년 서울과 부산에서 고교 평준화 정책이 시행되면서 고등학교 입시도 사실상 폐지된다. 시험을 보고 고등학교에 진학하는 것이 아니라 집에서 가까운 학교로 배정되는 이 정책은 1970년대 후반 강남 개발과 맞물려서 이른바 '8학군'을 탄생시킨다. 당시 정부는 명문 고등학교들을 일제히 강북에서 강남, 지금의 8학군으로 옮겼고, 이는 자연스레 강남의 발전과 집값 상승을 견인했다.

이 있던 고향을 그리워하기 시작하는데, 당시 신인 가수였던 최백호가 1979년에 불렀던 노래 「영일만 친구」가 그 정서를 기가 막히게 표현하고 있다.

바닷가에서 오두막집을 짓고 사는 어릴 적 내 친구
푸른 파도 마시며 넓은 바다의 아침을 맞는다
누가 뭐래도 나의 친구는 바다가 고향이란다
갈매기 나래 위에 시를 적어 띄우는
젊은 날 뛰는 가슴 안고 수평선까지 달려나가는
돛을 높이 올리자 거친 바다를 달려라 영일만 친구야

「영일만 친구」에서

바닷가에서 푸른 파도를 마시며 아침을 시작하는 친구의 모습이 담긴 이 노래에, 당시 고향을 떠나와 서울에서 힘겹고 팍팍한 삶을 살아가던 많은 사람들이 어찌 호응하지 않을 수 있었겠는가.

부마민주항쟁

1979년 10월 4일, 유신정권은 신민당 총재였던 민주주의 정치인 김영삼을 국회의원직에서 제명한다. 차지철* 대통령경호실장이 무소불위의 권력을 행사하던 시절이었고, 박정희 대통령 측근들이 자기들 마음에 들지 않는 세력을 '빨갱이'로 몰던 때였다. 그들에게 대통령은 왕이었다. 헌법에 명시된 "대한민국의 주권은 국민에게 있고, 모든 권력은 국민으로부터 나온다."라는 절대적 대전제는 저 멀리 사라진 지 오래였다. 어떻게 해야 북한과의 체제 경쟁에서 이길 수 있을까. 우리 정권은 오직 그것 하나에만 매달렸고 야권 정치인들과 재야 세력 그리고 대학생들의 반발은 힘으로 뭉개버렸다.

---

* 육군 중령을 역임한 인물로 1979년 당시 대통령경호실장이었다. 박정희 대통령이 김재규 중앙정보부장에게 피살될 때 현장에서 함께 살해당했다. 이른바 '절대 권력' 밑에서 사람이 얼마나 변할 수 있는지를 적나라하게 보여준 상징적 인물이라고 할 수 있다. 1974년 8월 15일 박정희 대통령 저격 사건으로 박종규 대통령경호실장이 경질된 뒤 그 자리를 차지했다. 오직 그의 머릿속에는 박정희 대통령 하나뿐이었고, 다른 사람은 적으로 간주하며 언제나 오만한 태도로 대했다. 경기도 여주·광주·이천에 지역구를 둔 4선 국회의원이기도 했다.

1978년 12월에 치러진 총선에서 야당인 신민당이 사실상 승리를 거머쥐었다. 이후 1979년 5월 김영삼 의원이 신민당 총재로 선출되자, 그동안 저류에 머무르던 국민들의 민주화에 대한 열망이 수면 위로 올라오기 시작한다. 가발 수출을 하던 회사 'YH무역'의 여성 생산직 노동자들이 회사 폐업 조치에 항의하며 신민당 당사에서 농성을 했던 이른바 'YH무역 사건'도 바로 이 시기, 1979년 8월의 일이었다.

이런 상황에서 부산 경남 지역을 지지기반으로 삼던 김영삼 총재가 제명되자 즉각 부산 경남의 시민들이 반정부 항쟁을 시작한다. 정권에 대한 저항감이 끓어오른 것이다. 부산대학교 학생들의 시위를 시작으로 마산대학교와 경남대학교의 학생들이 동참했고, 시민들도 이에 합세해 부산세무서와 한국방송공사 부산방송국 등을 점령하고 일부 시설을 파괴하기까지 했다. 그 결과 10월 18일 부산에 비상계엄이 선포되어 시위 진압을 위한 군대가 투입되고, 10월 20일엔 마산과 창원에 위수령*이 발동된다. 당시 정부의 선택은 토론과 설득이 아니라 총칼이었다. 대통령경호실장 차지철은 당시, 300만 명을 죽인 캄보디아도 까딱없었는데, 우리가 100만~200만 명 정도 죽인다고 문제가 있겠냐는 말을 했다고 한

---

* 육군 부대가 일정한 지역에 주둔하며 그 지역의 경비, 질서 유지, 군대의 규율 감시와 군에 딸린 건축물, 시설물 따위를 보호하도록 규정한 대통령령.

다.* 지금으로서는 상상하기도 힘든 발언이다.

그리고 1979년 10월 26일 저녁, 박정희와 차지철은 중앙정보부장 김재규에게 죽임을 당한다. 부산 마산 창원의 시민들은 물론 대한민국 전체가 정말 놀라 자빠질 사건이었다. 김재규는 재판 중 최후진술에서 다음과 같이 말했다. "수없이 많은 사람들이 생명을 다치고 지켜온 자유민주주의를 회복하기 위해서 혁명을 한 것입니다." 이 말에 논란이 많다. 박정희 대통령이 차지철 대통령경호실장만을 우대하고 자기는 비인격적으로 취급해 온 것에 대한 개인적 반발이라는 주장과 팽팽히 맞서기 때문이다. 여하간 박정희와 그 측근들이 종신토록 집권하려고 만든 유신체제는 그렇게 박정희가 생애를 마침과 동시에 끝나버렸다.

5·18 광주 민주화운동에 대한 역사적 재조명이 진행되고 있는 가운데 부마민주항쟁은 상대적으로 주목받지 못하고 있는 것이 현실이다. 그러나 결코 그렇게 넘길 만한 사건이 아니다. 유신정권 종말의 촉매가 된 민중적 항쟁이었기 때문이다. 저류에 존재하던 '자유로운 저항 정신'의 가치는 그렇게 표면으로 터져 나왔고, 이는 이후 1987년까지 이어지는 거대한 민중적 대폭발의 서곡序曲이 되었다.

---

* 캄보디아 '킬링필드' 사건을 말한 것이다. 1971년 캄보디아는 미국을 지지하는 우파 론 놀이 집권하고 있었으나, 캄보디아 동부 평원 지역에 집중된 미국의 무차별 폭격에 반감을 가진 민중들과 그들을 등에 업은 크메르 루주와의 내전이 발생한다. 내전은 1975년 5월 베트남의 공산화와 함께 크메르 루주의 승리로 끝나는데, 이때부터 크메르 루주는 극단적인 농촌 중심주의를 주장하며 지도자 폴 포트를 앞세워 온 국민을 학살하고 강제 노동으로 내몬다. 이것이 바로 '킬링필드' 사건이다. 당시 800만 명의 캄보디아인 중 250만 명이 죽었다.

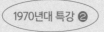
어느 가난한 청년의 분신焚身

2011년 11월 13일 당시 민주당 손학규 대표가 전태일 열사의 41주기 추도식에 참여해 헌화했다. 손학규 대표의 인생을 송두리째 바꿔놓은 사건이 바로 전태일 열사의 분신焚身이었다고 한다. 전태일 열사가 재단사로 일하던 평화시장에서 손학규가 다녔던 서울대학교 문리과대학까지는 버스로 두 정거장밖에 안 되는 가까운 거리였다. 전태일 열사가 생전에 "대학생 친구가 하나 있었으면 원이 없겠다."라는 말을 입버릇처럼 했다고 하는데,* 이러한 전태일 열사의 사연을 알게 된 서울대학교 문리과대학 학생들과 새문안교회 대학생부 학생들이 자기반성을 하며 금식기도까지 올렸다고 한다. 가까운 물리적 거리에 대비되는 머나먼 사회적 거리를 느꼈을 텐데 어찌 충격을 받지 않을 수 있었겠는가.

근로기준법이 지켜지지 않는 사회였다. 그런 사회에서 노동자

---

* 조영래, 『전태일 평전』, (사)전태일기념사업회, 2009, 166쪽.

들이 어찌 존엄성 있는 인격체로서 살아갈 수 있었을까. 비인격적인 대우를 받으며 고된 노동을 하면서도 제대로 된 임금조차 받지 못하던 시절, 그들은 병원에서도 소외되는 존재였다. 전태일 열사는 분신 후 병원으로 옮겨졌지만 돈이 없어 치료를 제대로 받지 못했다. 화기를 가시게 하는 1만 5000원짜리 주사 두 대도 맞지 못했고, 근로감독관은 이를 위해 보증 서는 것을 거부했다고 한다. 참으로 안타까운 일이다. 전태일 열사의 어머니 이소선 여사가 빌고 또 빌었음에도 병원과 근로감독관은 그대로 전태일 열사를 방치했다.

당시 엘리트 계층에 속하던 대학생들은 전태일 열사 분신 사건 이후로 노동자들과 함께하기 시작했다. 적극적으로 그들에게 근로기준법을 알려주었고 더 나은 사회로의 진전을 위해 단체행동에 나서기 시작했다. 이 시기 서울대학교 정치학과 손학규 씨와 법학과 조영래 씨* 그리고 경제학과 김근태 씨의 삶이 민주화 투사의 삶으로 대전환을 하게 된다.

대한민국 근현대사의 주역은 다름 아닌 터무니없이 길고 고된 노동을 참아내고 한 몸 바쳐 국가 발전에 이바지한 노동자들, 우

---

* 대구 출신으로 경기고등학교를 졸업하고 서울대학교 법학과에 수석으로 입학한 뒤 제13회 사법시험에 합격해 변호사가 되어 인권변호사로 활동한 인물이다. 1971년 '서울대생 내란 음모 사건'으로 1년 6개월간 복역하고 1974년 '전국민주청년학생총연맹 사건'의 배후로 지목되어 1980년까지 도피 생활을 했다. 이 시기 보일러 기사 등으로 일하며 노동자의 삶을 직접 경험하면서 전태일 열사를 기리는 평전을 집필했다. 1986년 부천경찰서 성고문 사건의 피해자 권인숙 씨를 변호했고, '민주사회를 위한 변호사 모임'의 결성을 주도했다. 1990년 12월 12일 폐암으로 세상을 떠났다.

리 민중들이다. 그런 노동자들을 위해, 보다 나은 세상을 위해 제 한 몸을 바친 전태일 열사의 희생정신은 지금 이 땅에 꽃을 피웠는가. 그것이 궁금하다.

가장 사회적인 목소리, 양희은

정권에 의해 30여 곡이 금지곡으로 지정된 데 모자라 10여 년 동안 공적인 자리에서 그 이름을 언급하기가 어려웠던 가수가 있었다면 믿겠는가. 바로 양희은을 두고 하는 말이다. 지금은 우리에게 너무나 친숙한 라디오 프로그램 〈여성시대〉의 디스크자키로 활약하고 있지만, 한때는 그녀가 자유롭게 무대에 서는 것은 상상하기 힘든 일이었다.

그녀는 서강대학교 1학년에 재학 중이던 1971년 「아침 이슬」을 발표하며 데뷔했다. 선배 가수 김민기를 찾아가 받은 곡이었다. 김민기는 데뷔도 하지 않은 후배의 요청에 자신의 소중한 곡을 내주었다. 그녀의 목소리에서 가능성을 엿보았던 까닭이었을 것이다. 2016년 11월 26일 광화문광장, 박근혜 대통령의 하야를 촉구하는 5차 촛불집회에 깜짝 등장한 양희은 씨가 100만 명 앞에서 처음으로 꺼낸 노래가 바로 「아침 이슬」이었다.

「아침 이슬」은 1971년 건전가요로 선정되었는데, 어처구니없게도 1975년 '긴급조치 9호'에 의해 금지곡으로 지정된다. 그사이 대통령이 바뀐 것도 아닌데, 이런 자의적인 행정 조치가 세상에 또 어디 있을까? 세간에는 "태양은 묘지 위에 붉게 떠오르고" 구절이 불순하다는 이유로 금지되었을 것이라는 말이 돌았지만, 유치원생도 비웃을 이유로만 들린다. 진짜 이유는 무엇이었을까. 혹시 불온한 음악가 김민기의 노래라는 것이 결정적인 이유는 아니었을까.

> 저 들에 푸르른 솔잎을 보라
> 돌보는 사람도 하나 없는데
> 비바람 맞고 눈보라 쳐도
> 온 누리 끝까지 맘껏 푸르다
> 서럽고 쓰리던 지난날들도
> 다시는 다시는 오지 말라고
> 땀 흘리리라 깨우치리라
> 거치른 들판에 솔잎 되리라
>
> 「거치른 들판에 푸르른 솔잎처럼」에서

이후 양희은이 부르는 노래는 죄다 금지곡으로 지정되었다. 방송에도 출연하지 못했을뿐더러 공적인 자리에서 그녀의 노래를

「거치른 들판에 푸르른 솔잎처럼」이 수록된
양희은의 앨범, 1979년.
사진 출처: 국립민속박물관

부르는 것 자체가 철창행의 사유가 되었다. 심지어는 공공장소에서 그녀의 이름을 언급하기만 해도 잡혀갈 위험이 있었다고 한다. 그럼에도 「일곱 송이 수선화」 「이루어질 수 없는 사랑」 「거치른 들판에 푸르른 솔잎처럼」 「한계령」 등 양희은의 주옥같은 명곡들은 들불처럼 번져나갔다. 아마 체제에 저항적이었던 1970년대 청년세대를 그녀만큼 멋지게 대표하는 가수는 없을 것이다.

3부

1950~ 1960년대 대한민국

대중문화의 태동

우리의 대중문화를
지탱해 준 미 8군 쇼

○

짧은 치마를 입고 거리를 활보할 수 없던 시대가 있었다. 오늘날
엔 상상할 수도 없는 단속이, 1960년대 아직 민주주의가 낯설기
만 했던 그 시절 우리에게 엄존했다.

4·19 혁명과 함께 불어닥친 민주주의의 바람을 힘으로 억누
르고 집권한 박정희 정권은 국민을 주인으로 삼는 이 땅의 체제
를 무참히 짓밟으며, 국민 정서를 통제할 수 있다고 믿고 문화를
통제했다. 엄혹했던 사회적 분위기 속 많은 문화 예술인들의 숨
구멍이 되어준 무대가 있었으니 이른바 '미 8군 쇼' 무대였다. 미
8군 쇼는 미군 부대 안에서 열렸던 위문공연으로, 당시 문화 예

미 8군의 공연 무대, 1966년.
미 8군 영내에 있던 무대로 추정된다. 사진 제공: 김형찬

술인들이 정권의 눈치를 보지 않고 연주하고 노래할 수 있는 거의 유일한 무대였다. 당시 미니스커트 열풍을 만들어냈던 윤복희도 미 8군 쇼 무대에서 활약한 가수 중 한 명이었다.

눈짓 몸짓 다정해도 믿을 수 없어요
달이 가면 변할 줄 알았으니까
웃는 얼굴 다정해도 믿을 수 없어요
해가 가면 변할 줄 알았으니까

「웃는 얼굴 다정해도」에서

윤복희는 「웃는 얼굴 다정해도」가 수록된 첫 앨범을 1967년에 발표하면서 미니스커트를 입었는데, 그것이 사회적으로 엄청난 파장을 가져온다.

엘비스 프레슬리나 매릴린 먼로 같은 월드 스타들도 미 8군 쇼 무대에 올랐지만, 매주 열리는 공연의 무대를 채우기 위해서는 국내 연예인들이 필요했다. 이러한 상황에서 색소폰의 제왕 이봉조와 가수 현미, 한국 록의 대부이자 '금지'의 대명사인 신중현 등이 등장했고, 패티김과 길옥윤도 미 8군 쇼 무대에 올랐다. 이처럼 국내 연예인들에 대한 수요가 늘어나자 연예인들의 스케줄 관리를 대행해 주는 연예기획사도 여럿 생겨났다. 당시 미 8군 쇼는 우리나라 대중 가수들의 사관학교였다고 해도 과언이 아니었다.

이 시기 등장한 대중예술인들은 우리나라에 리듬앤드블루스 R&B와 솔Soul, 로큰롤Rock'n'roll, 디스코Disco 등을 전파하며 트로

미니스커트를 입은 윤복희, 1968년.

한국에서 미니스커트는 1968년 가수 윤복희가 처음 입으며 유행한 것으로 알려져 있다. 당시 정부에서는 여성들이 일정 길이보다 짧은 치마를 입지 못하도록 줄자로 치마 길이를 단속했다. 사진 제공: 김형찬

트 일변도였던 한국 대중가요계에 새바람을 일으켰다. 이러한 점을 종합적으로 살펴보면, 당시 미 8군 쇼 무대에 올랐던 대중 예술인들이 주체성을 상실한 채 미군 앞에서 재롱을 떤 것이 결코 아니었다는 것을 알 수 있다.

여성들을 위로해 준
동병상련의 목소리

○

1990년, 발매 앨범 560장 발표곡 2069곡으로 가장 많은 곡을 취입한 가수로 한국 기네스북에 등재된 가수가 있으니, 우리나라에서 가장 영향력 있는 대중 가수이자 엘레지의 여왕 이미지를 두고 하는 말이다.* '이미자'라는 이름 석 자는 대한민국의 DNA에 새겨졌다고 해도 과언이 아닐 것이다. 그런데 그런 이미자의 노래가 방송에서 공식적으로 금지된 적이 있다. 한일기본조약, 이른바 한일협정이 있었던 1965년 박정희 정권 때의 일이었다.

* 이미자는 오늘날까지 2500여 곡을 노래했다.

우리나라 국민들은 그로부터 무려 1987년까지 방송을 통해 「동백 아가씨」「섬마을 선생님」「흑산도 아가씨」와 같은 이미자의 명곡들을 들을 수 없었다.

국민들에게 노래를 마음껏 듣고 부를 자유조차 주지 않았던 당시 정권에서 내세운 이유는 무척 황당했다. '왜색풍'이라는 것이다. 우리나라의 트로트가 일본의 엔카와 닮긴 하였지만, 한일협정까지 맺어진 해에 왜 대중가요가 일본의 음악과 닮았다고 금지를 시켰는지 이해할 수 없는 일이다. 더군다나 '엔카의 아버지'라고 불리는 엔카의 창시자 코가 마사오(1904~1978)가 일제강점기 당시 서울에서 청소년기를 보내고 한국의 소리 문화에 영향을 크게 받은 인물인 만큼, 정말 한스러운 일이 아닐 수 없다.

당시 정권이 방송 금지 조치를 내렸지만 이미자의 「동백 아가씨」와 「흑산도 아가씨」 같은 명곡은 우리 국민들, 특히 여성들이 지닌 한恨의 정서를 절묘하게 건드려 최고의 걸작으로 인정받으며 널리 퍼져나갔다.

헤일 수 없이 수많은 밤을
내 가슴 도려내는 아픔에 겨워
얼마나 울었던가 동백 아가씨
그리움에 지쳐서 울다 지쳐서
꽃잎은 빨갛게 멍이 들었소

동백 꽃잎에 새겨진 사연

말 못 할 그 사연을 가슴에 안고

오늘도 기다리는 동백 아가씨

가신 님은 그 언제 그 어느 날에

외로운 동백꽃 찾아오려나

「동백 아가씨」 가사 전문

　이미자의 노래는 여성의 지위가 형편없던 그 시절, 욕구를 억누르고 항상 뒤편에서 눈물로 애절한 마음을 달래야 했던 우리나라 여성들을 위로해 주었다.

　그런데 노래에 담긴 감정이 판소리 〈춘향가〉에서 춘향이가 임을 그리워하며 부른 옥중가獄中歌 「쑥대머리」에 담긴 한, 그리움과 상당히 닮아 있다. 19세기부터 일제강점기까지 이어져 내려온 우리의 그리움과 한의 정서가 「동백 아가씨」로 이어졌다고도 볼 수 있는 것이다.

　한편 1967년 발표한 「섬마을 선생님」은 서울에서 선생님이 파견을 와야 했을 정도로 이촌 현상이 본격화되고 있던 당시 전라도 다도해 지역의 상황을 잘 보여준다.

영화 〈동백 아가씨〉 주제곡 앨범, 1964년.
1963년 동아방송 라디오 드라마 〈동백 아가씨〉가 인기를 얻자, 이듬해 동명의 영화가 제작되었다. 이미자가 부른 「동백 아가씨」는 영화 주제곡으로 큰 사랑을 받았다.
사진 제공: 김형찬

이미자와 작곡가 백영호, 1968년.
사진 제공: 김형찬

해당화 피고 지는 섬마을에
철새 따라 찾아온 총각 선생님
열아홉 살 섬 색시가 순정을 바쳐
사랑한 그 이름은 총각 선생님
서울엘랑 가지를 마오 가지를 마오

「섬마을 선생님」에서

이렇듯 이미자의 노래는 당시 우리 사회의 모습을 반영하고
있기 때문에, 한국의 19세기와 20세기 시대적 배경을 이해하면
좀 더 정확히 읽어낼 수 있다. 그렇지 않고서는 주체적으로 살
수 없던 당시 여성들이 이미자의 노래를 듣고 어떤 위안을 받았
는지를 상상할 수 없을 것이다.

작곡가 박춘석은 1960~1970년대 이미자와 무려 500여 곡을
작업했다. 가히 전설의 명콤비라고 불릴 만하다. 박춘석은 평생
독신으로 살았는데 패티김과도 콤비요 이미자와도 콤비였으니,
세상에 부러울 것 없는 인생을 살다 간 사나이라고 생각하고
싶다.

우리는 20세기 들어 국권 상실과 동시에 일제강점기를 겪었
고, 광복 후엔 민족의 분단과 전쟁까지 치렀다. 이후에도 자유
당 독재와 민주화 혁명, 군사쿠데타와 산업화, 두 번의 민주항쟁
을 겪었다. 그 기간 대한민국은 전 세계에 유례가 없을 정도로

빠르게 성장했다. 민주적으로 평화롭게 정권을 교체한 데 이어 1997년 외환위기를 겪으면서도 빛나는 경제대국으로 도약했다. 이처럼 가파른 성장 속에 고향 잃은 아픔, 타향살이의 설움, 기다리는 자의 그리움 그리고 무엇보다도 여성의 아픔과 회한을 몽땅 그려낸 가수가 바로 이미자라고 할 수 있겠다.

이미자는 1970년 TBC 드라마 〈아씨〉의 주제곡 「아씨」를 부르며 최고 인기 가수로서 입지를 굳히고 다시금 본격적인 행보를 시작한다. 「아씨」는 죽음을 앞둔 여성이 고갯길*을 넘어 시집오던 날을 회상하는 노래로 그리움과 애절함, 그 절절한 감정이 묻어 있는 곡이다.

> 옛날에 이 길은 꽃가마 타고
> 말 탄 님 따라서 시집 가던 길
> 여기던가 저기던가
> 복사꽃 곱게 피어 있던 길
> 한세상 다하여 돌아가는 길
> 저무는 하늘가에 노을이 섧구나
>
> 「아씨」에서

---

* 이 노래에 나오는 '길'은 지금의 북아현동의 윗길, 신촌로터리에서 광화문으로 넘어가는 길이다.

역사가 격동적이었던 만큼 민중들의 삶 또한 버거울 수밖에 없었다. 이미자의 구슬프고도 구성진 목소리는 힘든 민중들 특히 여성들에게 더할 나위 없는 동병상련同病相憐의 위로가 되어 주었다.

1954년 부산의
풍경을 담다

○

1953년 정전협정부터 1960년 3·15 부정선거까지 약 7년은 가히 한국 현대사의 공백이라고 말할 수 있다. 이 시기는 기록이 상당히 흐릿하다. 대중예술 분야 또한 마찬가지다. 이 시기 활동했던 대중예술인이나 그들의 작품을 또렷하게 알고 있는 사람은 상당히 드물 것이다.

우리 역사책에서 이 시기는 주로 자유당 정권의 부정부패와 무능으로 그려진다. 부조리의 상징과도 같았던 이승만 정권의 이야기가 그대로 1950년대의 이야기가 되어버린 셈이다. 그 덕분에 여전히 1950년대 한국 사회에 대한 부정적 인식이 만연하다. 1950년대가 이렇게 기억되는 것은 4·19 혁명 세력과 5·16 군사 정변 세력 모두 원하는 바일지도 모르겠다. 그래야만 두 사건에 명분이 생길 테니 말이다.

동족상잔의 상처, 3년간의 6·25 전쟁으로 인해 한반도는 그야말로 잿더미가 되어버렸다. 그 결과 대대로 농사를 짓고 자급자족하던 우리 민족이 태국과 캄보디아, 버마(미얀마)로부터 쌀을 비롯한 거의 모든 농작물을 원조받는 신세로 전락하고 말았다. 미국의 원조로 근근이 버티며 진행했던 국가 재건 사업은 자유당 정권의 부정부패 앞에서 좌절했고, 자본주의와 민주주의는 비리와 독재 앞에 신음하고 있었다.

역사책에선 6·25 전쟁의 과정과 전후의 상황에 대해서 상세하게 서술하지만 6·25 전쟁 당시 임시 수도였던 부산에서 사람들이 어떻게 살았는지는 거의 서술하지 않는다. 그렇게 역사책이 담지 못한 우리 국민들의 삶 하나하나를 놓치지 않고 기록해 낸 것이 있으니, 다름 아닌 대중가요다.

전쟁이 끝난 직후, 1954년 당대 최고 인기 가수 남인수*가 노래 하나를 발표한다. 바로 「이별의 부산정거장」이다. 그 시절 남

---

* 본명은 강문수姜文秀다. 남인수의 어린 시절에 대해서는 여러 설이 있는데, 최씨 문중에서 태어나 최창수崔昌洙라는 이름으로 살다가 부친을 잃은 뒤 어머니(장하방 씨)가 강씨 문중으로 재가하게 되어 이름을 강문수로 바꾸었다는 설도 있고, 어렸을 적에 너무 가난하여 강씨 문중에 양자로 들어갔다는 설도 있다.

인수의 영향력은 실로 대단했다. 1938년 「애수의 소야곡」* 발표로 큰 인기를 얻은 후, 그는 노래를 발표하는 것만으로 하나의 사회현상을 만들어내곤 했다. 그만큼 그는 당시 한반도에서 민중의 마음을 가장 잘 꿰뚫는 가수였다. 1942년부터 해방 직후까지 총독부의 온갖 행사에 불려 다니며 친일 노래를 부르고 다녔음에도, 그에 대한 민중들의 사랑은 변함이 없었다. 참으로 놀라운 일이 아닐 수 없다.

휴전이 되자 부산에서 서울로 본격적인 환도가 시작됐다. 그와 동시에 피란을 왔던 국민들도 부산을 떠나 다시 서울로 올라가기 시작했는데, 남인수의 「이별의 부산정거장」이 이러한 장면을 담아냈다.

서울 가는 십이열차**에 기대앉은 젊은 나그네
시름없이 내다보는 창밖의 등불이 존다
쓰라린 피난살이 지나고 보니
그래도 끊지 못할 순정 때문에
기적도 목이 메어 소리 높이 우는구나
이별의 부산정거장

---

* 1936년 발표한 「눈물의 해협」을 개사하여 다시 발표한 곡이다. 원곡은 크게 주목을 받지 못했는데 1938년 개사곡인 「애수의 소야곡」이 큰 히트를 치면서 남인수가 인기 가수 반열에 오른다.
** 저녁에 부산을 출발해서 다음 날 새벽에 서울역에 도착하는 열차를 이르는 말이다.

가기 전에 떠나기 전에 하고 싶은 말 한마디를
유리창에 그려보는 그 마음 안타까워라
고향에 가시거든 잊지를 말고
한두 자 봄 소식을 전해주소서
몸부림치는 몸을 뿌리치고 떠나가는
이별의 부산정거장

「이별의 부산정거장」 중에서

　　1954년 5월경 부산역에서 볼 수 있던 풍경이 잘 묘사되었다.
한편 평안도, 함경도, 황해도 등 이북에서 내려온 이들을 비롯
하여 각지에서 모여든 수많은 피란민들이 부산에 남아 판자로
집을 지어 살기 시작했다. 그렇게 피란민들이 모여 살던 곳 일대
에 자연스레 거대한 시장이 형성되었으니, 그것이 오늘날 국제
시장이다. 살길이 막막했던 사람들은 생존을 위해 자신들이 갖
고 있던 물건들을 시장에 내다 팔기 시작했다. 필자의 지인 중에
당시 부산에서 교직을 수행하신 어르신 한 분이 계신데, 그 시절
을 추억할 때면 약사藥師가 최고의 직업이었다고 말씀하시곤 했
다. 아무 데서나 좌판만 펴면 사람이 몰렸다는 것이다. 후에 산
복도로가 건설되는 등 부산 원도심의 산동네가 개발되는데, 모
두 피란민들이 땅을 개간하여 그곳에 모여 살았기 때문이었다.

실향민의 삶을
노래하다

○

6·25 전쟁 당시 북진하던 유엔군을 흥남에서 철수하게 만든 것은 중공군의 참전이었다. 그런데 사실 중공군은 6·25 전쟁 초기부터 전쟁의 주체로서 주도적 역할을 담당했다. 애석하게도 해리 트루먼과 이승만은 그러한 사실을 모르고 있었다.

한반도의 혹독한 겨울은 주로 따뜻한 미국의 텍사스주와 아칸소주 출신 군인들로 이루어져 있던 미 8군에게는 거의 재앙이었다. 1950년 10월 1일에 삼팔선을 돌파했으니, 원래 계획대로였다면 11월 중순에 한반도에 오직 하나의 정권, 즉 대한민국만이 남아야 했다. 그런데 김일성은 평안북도 강계군까지만 후퇴하고 만주로 넘어가지 않았다. 맥아더는 고개를 갸웃했다.

김일성이 그 이상 후퇴하지 않은 이유는 다름 아닌 중공군이 있기 때문이었다. 펑더화이彭德懷가 지휘하는 중공군의 게릴라부대와 추위로 인한 이중고에 시달리다 장진호 전투에서 패배한 미군은 전격 철수를 결정한다. 그렇다면 이때 공산주의를 피해 남쪽으로 내려가고자 했던 엄청난 수의 함경도 국민들은 어떻게 했을까. 여기서 군은 장비를 버리고 사람들을 배에 태워 대탈출을 감행하기로 한다.*

흥남 부두를 떠난 배들이 모두 부산항에 도착했으나, 이미 부산은 100만 명의 피란민을 수용하고 있어서 급하게 거제도로 행선지를 바꾼다. 그렇게 거제로 가는 3일 동안 배에 타고 있던 피란민들은 두려움에 벌벌 떨었다. 북한군이 위장해서 그 배에 타고 있다는 유언비어가 돈 것이다. 당시 배에서는 가족과 떨어지거나 짐 보따리를 잃은 피란민들의 울음소리가 그치지 않았다고 한다.

거제와 부산 일대에 자리를 잡은 실향민들은 남의 집 뒷간을 쳐내는 일도 마다하지 않으며 정말 억척스럽게 버텼다. 함경남도 북청군 출신 사람들은 김동환의 시 「북청 물장수」를 읊으며 상하수도가 갖춰져 있지 않은 지역을 돌아다니며 물을 팔고 하수

---

* 문재인 전 대통령의 부모님도 이 당시 흥남에서 탈출하는 배에 승선했으니, 그야말로 역사적 현장이었다.

도를 설치하며 생계를 유지했다. 국제시장과 영도다리에서 고달프게, '삼팔따라지'라는 비아냥을 들으면서도 그들은 기어코 그 힘겨운 시절을 살아냈다.

부산 중앙동 '40계단' 근방에는 자연스럽게 선술집들이 생겨났고, 밤이 되면 그 일대에 온갖 사연들이 떠다녔다. 이별한 가족, 고향, '빨갱이'에 대한 분노. 1953년 이러한 사연들을 담은 곡이 발표되니, 박시춘이 작곡하고 현인이 노래한 불후의 명곡 「굳세어라 금순아」이다.

눈보라가 휘날리는 바람 찬 흥남 부두에
목을 놓아 불러봤다 찾아를 봤다
금순아 어디로 가고 길을 잃고 헤매었더냐
피눈물을 흘리면서 일사 이후 나 홀로 왔다

일가친척 없는 몸이 지금은 무엇을 하나
이 내 몸은 국제시장 장사치기다
금순아 보고 싶구나 고향 꿈도 그리워진다
영도다리 난간 위에 초생달만 외로이 떴다

「굳세어라 금순아」에서

부산 국제시장 대화재, 1953년.
1953년 1월 30일, 구정을 앞두고 부산 지역 최대 시장이었던 국제시장에서 대형 화재가 발생하여 그 일대가 전소되었다. 사진 출처: 한국저작권위원회

　아무런 설비도 시설도 갖춰지지 않은 곳에 천막과 목재로 얼기설기 가게와 집을 만들다 보니, 부산이 아니라 '불산'이라고 불렸을 정도로 당시 피란민들의 거주 지역은 거의 매일이 화재였다. 집들이 다닥다닥 지어져 한번 불이 났다 하면 대형 화재로 번지기 일쑤였다. 화재는 헤어진 가족과 다시 만날 날을 기다리며 악착같이 벌어놓은 돈을 홀라당 태워 실향민들을 좌절시켰

다. 신원 확인이 워낙 어려운 시기였던 만큼, 정말 안타깝게도 화재가 나서 사람이 죽어도 누군지 모르는 경우가 허다했다. 그래도 부산은 한겨울인 1월에도 눈이나 얼음을 보기가 어려울 정도로 따뜻한 지역이라 다행이었는지도 모른다. 주거 환경이 열악한 데다 의복도 제대로 갖춰 입을 수 없던 피란민들에게는 차라리 이런 따뜻한 환경이 생존에 조금이라도 유리했을 것이다. 이러한 실향민들의 힘겨운 처지를 노래한 「굳세어라 금순아」는 엄청난 히트를 기록했고, 우리 현대사의 상징으로 남았다.

누가 이 사람을
모르시나요

○

전쟁 전후로 우리 국민들을 가장 아프게 한 것은 역시 '이산離散' 일 것이다. 수많은 이들이 부모 형제, 배우자, 자식, 친구 들과 전쟁 중에 헤어지게 되었기에, 이산의 아픔은 당시 대중예술의 주된 테마 중 하나였다.

불교에서 흔히 여덟 가지 괴로움이 있다고 말한다. 그중에 '구부득고求不得苦'라는 것이 있는데, 얻으려고 해도 얻을 수 없는 데서 기인하는 괴로움을 뜻하는 말이다. 아무리 애를 써도 가족과 만날 수 없던 우리 국민들의 괴로움과 딱 맞는 말이다.

1983년 전국을 강타한 프로그램이 있으니, 휴전 30주년 특

별방송으로 기획된 KBS의 〈이산가족을 찾습니다〉이다. 〈이산
가족을 찾습니다〉는 1983년 6월 30일부터 11월 14일까지 무려
138일에 걸쳐 453시간 45분 동안 생방송으로 진행되며 한국 방
송사에 새 역사를 쓴 프로그램이다. 세계를 놀라게 한 이 프로
그램의 타이틀곡으로 쓰여 전 국민에게 사랑을 받은 노래가 두
곡 있으니, 바로 「누가 이 사람을 모르시나요」*와 설운도의 「잃
어버린 30년」**이다.

> 누가 이 사람을 모르시나요
> 얌전한 몸매에 빛나는 눈
> 고운 마음씨는 달덩이같이
> 이 세상 끝까지 가겠노라고
> 나하고 강가에서 맹세를 하던
> 이 여인을 누가 모르시나요

「누가 이 사람을 모르시나요」에서

북한군의 불법 남침으로 시작된 민족의 비극 6·25 전쟁 때문

---

* 1964년 방영된 KBS 라디오 드라마 〈남과 북〉의 주제곡으로 원래는 곽순옥이 불렀는데, 1983년 패
티김이 리메이크하여 다시금 전 국민의 심금을 울렸다.
** 설운도가 1982년 발표한 「아버님께」를 개사하여 만든 곡이다.

이산가족을 찾는 벽보, 1983년.
KBS 〈이산가족을 찾습니다〉 방송이 진행되던 시기, 온 국민이 잃어버린 가족들의 신상을 빼곡히 적은 벽보를 여기저기 붙여놓고 연락을 기다렸다. 사진 출처: 대한민국역사박물관

에, 아니 좀 더 올라가 자기 마음대로 북쪽에 정권을 세워버린
김일성 때문에, 아니 한 번 더 거슬러 올라가 일본 제국주의의
침탈 때문에 사방팔방으로 흩어져 버린 우리 한민족의 슬픔이
느껴진다.

비가 오나 눈이 오나 바람이 부나

그리웠던 삼십 년 세월
의지할 곳 없는 이 몸 서러워하며
그 얼마나 울었던가요
우리 형제 이제라도 다시 만나서
못다 한 정 나누는데
어머님 아버님 그 어디에 계십니까
목메이게 불러봅니다

「잃어버린 30년」에서

KBS 〈이산가족을 찾습니다〉 방송 기념 특집 앨범, 1983년.
「잃어버린 30년」을 비롯하여 「굳세어라 금순아」 「이별의 부산정거장」 등 열네
곡이 수록되었다. 사진 출처: 국립민속박물관

우리 국민들의 잃어버린 30년을 도대체 누가 보상해 줄 수 있을까. 그 30년 동안 우리 국민들은 이승만과 자유당의 독재정권, 5·16 군사 정변과 박정희 정권의 유신 독재, 12·12 사태와 전두환 정권의 군사독재를 겪었다. 그 시절 민중의 삶이 얼마나 고달팠는지, 이산가족 사연들을 보면 너무 잘 알 수 있다. 기차역에서 헤어진 남매가 서로 만나 "대한민국 만세"를 부르기도 하고, 어려서 가족과 떨어지게 된 바람에 식모살이를 하며 홀로 힘겹게 살아온 여성이 가족과 다시 만나 왜 자신을 버리고 갔느냐며 울분을 토하기도 했다. 30년간 쌓인 '금순이'들의 설움이 터지는 순간이자, 우리 민족의 한이 전 국민의 눈물로 분출되는 순간이었다.

민족지도자의 죽음과
「비 내리는 호남선」

○

만약 이승만의 독재정권을 1956년 5월 15일 제3대 대통령 선거에서 끝장내버렸더라면 대한민국의 역사는 어떻게 흘러갔을까. 역사에 '만약'은 없다지만, 한국 현대사의 두 거인 해공 신익희와 죽산 조봉암을 떠올리면 아쉽지 않을 수가 없다.

1956년 5월 15일에 치러진 대한민국 제3대 대통령 선거에서 매우 이상한 현상이 나타났다. 무효표가 무려 185만 표, 자그마치 전체 투표수의 20.5퍼센트나 나온 것이다. 이 무효표는 바로 열흘 전 세상을 떠난 민주당 후보 신익희에 대한 국민들의 추모표로 간주된다. 승리는 자유당 이승만에게 돌아갔고, 진보당 후보 조봉암은 2위를 차지했다.

이 선거에서 민주당은 한국 정치사에 길이 남을 구호를 남겼다. "못 살겠다. 갈아보자!" 여기에 맞선 자유당의 구호 역시 대단했다. "갈아봤자 더 못산다." 제3대 대통령 선거 이후로 지금까지 많은 선거를 치렀지만 이런 구호는 찾아볼 수 없었고 앞으로도 보기 힘들 것이다.

그만큼 당시 전 국민의 정권교체를 향한 열망은 뜨거웠고, 이승만의 자유당은 말기적인 증상을 보여주었다. 그래서 당시 많은 국민들은 민주당 후보 신익희에게 희망을 걸고 있었다. 부통령은 민주당 후보 장면의 인기가 자유당 후보 이기붕을 압도하고 있는 상황이어서, 국민의 기대는 점점 확신으로 바뀌어가고 있었다. 그런데 1956년 5월 5일 새벽 6시경 청천벽력 같은 소식이 전파된다. 전주로 향하는 호남선 기차 안에서 신익희가 급서急逝했다는 소식이었다.

급서 이틀 전이었던 5월 3일 오후 2시 한강 백사장에서 열린 유세에서 30만 군중이 신익희의 연설에 열렬히 환호했다. 매우 고무된 민주당이 정부통령 두 선거에서 모두 압승할 것을 확신했을 정도다. 반면 이승만과 이기붕을 후보로 내세운 자유당은 신익희를 비난하기에 바빴다. 당시 신익희는, 1953년 영국 엘리자베스 2세 여왕 즉위 축하 사절로 뽑혀 해외순방을 하던 중 인도 뉴델리에서 북한의 조소앙과 비밀 회동을 했다는 혐의를 받

제3·4대 정·부통령 선거 당시 민주당 포스터, 1956년.

고 있었다. 또한 대통령이 된다면 일본 지도자들과 회담을 할 용의가 있다는 발언을 해서 이승만과 자유당으로부터 친일파라는 비난까지 듣고 있던 터였다. 그러나 이런 비난에도 불구하고 자유당에 대한 국민적 반감과 불신이 하늘을 찔렀기에 신익희와 장면에 대한 국민들의 긍정적 기대감은 날로 커져만 갔다.

신익희는 당시 63세로 다소 고령이었는데, 4월 초부터 계속된 조봉암과의 단일화 협상과 무리한 일정으로 인해 건강 이상설이 끊임없이 제기되었다. 그러나 본인이 계속 괜찮다고 하며 유세 일정을 강행했다고 한다. 의사 출신 민주당 조영규 의원이 호남 유세 수행을 제안했으나 신익희는 이마저 거절한다. 폐를 끼치기 싫다는 이유에서였다. 결국 신익희는 새벽 5시경 달리는 열차 안에서 쓰러졌고, 이리역*에서 급히 내려 호남병원에 입원하였으나 결국 서거하고 만다. 새벽 5시 50분경의 일이었다.

오후 4시 해공 신익희는 유해가 되어 서울로 돌아왔다. 서울역광장은 눈물바다가 되었다. 수많은 시민들이 신익희의 유해를 당시 대통령 집무실인 경무대로 가져가려 했으나 경찰에게 제지를 당했다. 이 과정에서 경찰의 발포로 사망자까지 나온다. 그리고 열흘 뒤 열린 제3대 대통령 선거, 호남선 기차 안에서 운명을 달리한 민족지도자를 추모하는 마음으로 국민들은 무효표를 던졌다.

이 시기 수많은 이들의 마음을 달래준 노래가 바로 손인호의 「비 내리는 호남선」이다. 이 노래는 신익희 서거를 추모하는 듯

* 오늘날 익산역.

한 가사 때문에 전국적인 큰 인기를 끌었다. 그렇게 되자 작사자 손로원, 작곡자 박춘석, 가수 손인호가 경찰에 잡혀가서 고초를 당했다고 한다. 「비 내리는 호남선」은 신익희 서거 3개월 전에 나온 노래였기에 사실 신익희의 서거와는 아무런 관계가 없는 노래였는데도 말이다. 이승만 대통령의 공포증이 얼마나 심했는 지 단적으로 보여준 사례라 할 수 있다.

목이 메인 이별가를 불러야 옳으냐
돌아서서 피눈물을 흘려야 옳으냐
사랑이란 이런가요 비 내리는 호남선에
헤어지는 그 인사가 야속도 하더란다

다시 못 올 그 날짜를 믿어야 옳으냐
속는 줄을 알면서도 속아야 옳으냐
죄도 많은 청춘이냐 비 내리는 호남선에
떠나가는 열차마다 원수와 같더란다

「비 내리는 호남선」 가사 전문

신익희의 죽음으로 평화적 정권교체는 물 건너가 버렸다. 그토록 정권교체를 염원했던 국민들의 마음에는 피눈물이 흘렀다.

이후 우리 역사는 참 슬프게 흘러갔다. 이승만은 정치적 라이벌이었던 조봉암에게 공산주의자라는 누명을 씌운 뒤 사형시켜버렸다. 또 한 명의 민주당 거물 정치인이었던 조병옥은 1960년 대선을 준비하다가 선거를 몇 달 앞두고 병이 나서 미국으로 건너가 월터리드 육군병원에 입원하였는데, 안타깝게도 23일 만에 서거하고 만다. 이승만의 정적이라 할 수 있던 신익희, 조봉암, 조병옥 세 사람이 모두 비슷한 시기에 죽음을 맞이한 것은 참으로 애석한 일이다.

더 이상 이승만과 자유당을 지켜볼 수 없었던 우리 국민들이 1960년 4월 거대한 혁명을 일으켜 이승만과 자유당이라는 최악의 정권을 몰아내게 되니, 그것이 4·19 혁명이다.

미국 제8군 Eighth United States Army

필자는 대한민국 대중문화의 태동기를 1960년대로 보고 있다. 일 제강점기나 6·25 전쟁 전후에도 대중문화가 있긴 했지만, 이 책의 주인공이기도 한 '민중'이 본격적으로 대중문화의 주체가 되기 시 작한 시점이 바로 1960년대이기 때문이다. 1960년 4·19 혁명 이후 '민주주의'와 '자본주의'라는 거대한 시대적 조류가 찾아왔다. 국 민들은 소수의 지도자들이 아닌 바로 자신들이 이 땅의 주인이라 는, 어찌 보면 당연한 사실을 깨닫기 시작했다. 그리고 그와 동시 에 민중문화가 본격적으로 성장하기 시작한 것이다.

미국은 19세기 영국이 갖고 있던 패권을 물려받았다. 20세기 두 번의 세계대전을 거치며 패권국가가 된 미국은 지금까지도 자 본주의와 민주주의를 선두에서 이끌고 있다. 그리고 이 두 제도와 체제에서 나온 중요한 산물인 대중문화 또한 선도하고 있다.

해방 후 한반도 남쪽에는 미국이, 북쪽에는 소련이 들어오고 서로 다른 정부가 들어서게 된다. 이후 남과 북은 같은 민족임에도 서로를 원수처럼 여기게 되었고 너무나도 끔찍한 전쟁까지 치렀다. 이러한 역사적 과정을 거치며 이 땅에 주둔하게 된 미군, 그 중에서도 제8군 내 클럽에서 큰 위문공연이 열렸다. 이것이 앞서 언급한 '미 8군 쇼'다. 미 8군 쇼는 수많은 스타들이 데뷔하고 활약할 수 있는 무대가 되어주었다. 그뿐만 아니라 이 쇼에서 영화도 상영되었는데, 여기에서 상영된 영화들이 국내 배급사를 통해 일반 시민들에게까지 유통되었다.

루스벨트 대통령이 1944년에 창설한 제8군은 일본군에 대항해 필리핀과 뉴기니섬 수복 임무를 시작으로, 당시 연합군 최고 사령관이었던 더글라스 맥아더 장군의 지휘하에 태평양 지역에서 수많은 전투를 수행했다. 특히 일본 본토 진격 작전을 수행하기 위해 대한민국임시정부의 한국광복군과 함께 OSS 작전을 수립하고 훈련했던 일은 아직 역사 교과서에 실리지는 않았지만 매우 잘 알려진 이야기다. 미 8군은 1945년 8월 30일 일본 요코하마에 입성한 이래 일본 군정을 주도적으로 맡았으나, 이후 평화 체제가 안착되면서 핵심 전투 병력은 모두 철수하고 일본과 한국에는 기본적인 관리를 위한 부대만 남겼다. 이러한 허술한 미국의 대아시아 방어 체계는 결국 전쟁이 일어나기 딱 좋은 상황을 만들어버렸다. 게다가 극동 군사 방위선을 일본 열도까지로 한정하여 끝내 6·25 전쟁 발발의 여지를 주고 말았다.

영화 〈팔도강산〉의 정치적 목적

김희갑 황정순 부부는 회갑을 맞이하기 전 전국 방방곡곡에 흩어져 사는 자식들을 찾아가서 근황을 살핀다. 각 고장에서 역군役軍으로 살고 있는 자식들을 보며 부부는 너무너무 즐거워하고, 이야기는 해피엔드로 끝이 난다. 그 과정에서 전국의 발전상이 나타나는데, 딱 당시 국립영화제작소의 스타일이다.

영화의 개봉 시기는 1967년, 바로 박정희 대통령이 두 번째로 당선되기 직전이었다. 당시 정권은 '경제개발'이라는 절대적인 구호를 내세웠고, 영화를 통해 국민들에게 경제가 발전되고 있는 모습을 보여주며 국정을 홍보했다. 놀랍게도 이 영화는 결국 1967년 제6대 대통령 선거에서 박정희 대통령과 민주공화당이 압승하는 데 큰 기여를 했다.

영화는 반공정신 고취도 빼놓지 않았다. 주인공 부부는 원래 여섯 딸과 두 아들이 있었다. 그런데 첫째 아들은 6·25 전쟁 때 전사했고, 둘째 아들은 군에서 장교로 복무 중이었다. 그런데 대위

우리의 情緖가 가득히 담겨진 感動과 慾求를 자아낼 흥드라마의 決定版!

八道江山

영화 〈팔도강산〉 포스터, 1976년.

인 둘째 아들이 자신을 찾아온 부모에게 휴전선을 보며 이런 말
을 한다. "우리의 자유와 경제력이 북한으로 넘쳐흐를 때 우리의
숙원인 통일도 이루어지고야 말 것입니다." 마치 박정희가 직접

하는 말처럼 들린다.

당시 중화학공업의 발전은 분명 오늘날 대한민국의 기틀을 마련했다. 영화에도 등장하는 중공업 단지의 기술자들과 광공업, 무역업 종사자들의 공로는 이루 말할 수 없이 크다. 그러나 경제발전 과정에 있어 탄압과 불균형 성장이라는 아픔이 함께했음을 잊어서는 안 된다. 반공의 이념으로 정권에 적대적이었던 인사들을 빨갱이로 몰아 탄압의 채찍을 휘둘렀던 것도 바로 이 시기다.

오늘날 '팔도'를 경기도, 강원도, 충청북도, 충청남도, 경상북도, 경상남도, 전라북도, 전라남도 여덟 개의 도를 뜻하는 말로 알고 있는 사람들이 많은데, 이러한 인식은 이 영화 이후로 생겨난 것이라 볼 수 있다. 이전까지 '팔도'는 경기, 충청, 전라, 경상, 강원, 황해, 평안, 함경 여덟 개의 행정구역을 뜻하는 말이었다. 즉 이 영화가 북한을 철저한 '타자'로 만드는 데 일조한 것이다. 당시 정권은 이처럼 통일 의식보다는 북한에 대한 적개심을 고취하는 데 힘을 썼다.

전쟁으로 얼룩진 베트남의 역사

1842년 아편전쟁이 영국의 대승으로 끝나자 인도에 이어 중국까지 영국에 넘겨준 프랑스 내부에서 위기감이 돌기 시작한다. 결국 영국에 대한 경쟁의식이 프랑스대혁명의 성과까지 잡아먹어 버리고 나라 안에서 과거 나폴레옹의 군국주의에 대한 향수가 생겨난다. 그 결과 나폴레옹의 조카 나폴레옹 3세가 온 국민의 지지를 받아 즉위하고, 이후 프랑스는 중국 진출의 통로를 찾아 전 아시아를 이 잡듯이 뒤지기 시작한다.

그때 베트남의 응우옌 왕조의 민망^{Minh Mạng, 明命} 황제가 가톨릭 선교사를 박해하는 사건이 벌어진다. 프랑스 입장에선 울고 싶은데 뺨 때려준 상황이었다. 나폴레옹 3세는 '탄압으로부터 선교사들을 지킨다'는 기치하에 베트남에 함대를 보내 침략을 본격화한다. 1858년의 일이다. 베트남은 이때부터 1975년 4월 30일까지 무려 117년 동안이나 프랑스, 청나라, 일본, 미국과 끊임없이 싸웠다.

미국은 1964년 8월 2일 일어난 '통킹만 사건'을 구실로 베트남전쟁에 본격적으로 개입한다. 그에 따라 우리나라도 1964년부터 베트남에 군인을 파병하였는데, 당시 북베트남의 최고 군사 지휘관이었던 호찌민으로서는 한국군이 매우 원망스러울 수밖에 없었다. 1968년 1·21 사태* 울진·삼척지구 무장 공비 침투 사건** 푸에블로호 피랍사건*** EC-121 격추 사건**** 등도 세계사적인 관점에서, 대한민국을 교란하여 베트남에 파병한 군을 철수시키려는 김일성의 작전으로 해석할 수도 있다.

사실 미국의 참전 명분은 '도미노 이론' 때문이었다. 베트남을 방치하면 캄보디아, 라오스 등 주변국들이 전부 공산화될 것이라는 두려움이 있던 것이다. 그런데 금방 끝날 줄 알았던 이 전쟁이 상대를 오판한 미국의 역사상 첫 패배로 끝이 난다. 다만 역설적으로 베트남전쟁은 참전국이었던 한국이 일어서는 데는 큰 도움을 준 전쟁이었는데, 이 시기 대한민국은 미국으로부터 지원을 받고 군수산업이 성장하였으며 그러는 사이 재벌 기업들이 토대를

* 1968년 1월 21일 북한 민족보위성 정찰국 소속 123군부대 무장 게릴라 31명이 청와대를 기습하기 위해 서울에 침투한 사건.

** 1968년 11월 120명의 북한 무장공비가 유격대 활동 거점 구축을 목적으로 울진·삼척 지역에 침투한 사건.

*** 1968년 1월 23일 미 해군 정보수집함 푸에블로호Pueblo號가 북한 원산항 앞 공해상에서 북한으로 납치된 사건.

**** 1969년 4월 15일 일본의 아쓰기 해군 비행장을 출발한 미국 해군 소속 EC-121 워닝스타 조기경보기가 1969년 4월 15일 14시경 동해상에서 조선인민군 공군 소속 MiG-21 전투기의 공격을 받아 해상으로 추락한 사건.

다질 수 있었다. 그리고 한편으로 대한민국 정부는 공산주의에 대한 적개심을 고취하고 북한 간첩에 대한 경계심 강화하며 정권을 공고히 했다.

제2차 세계대전이 끝나고 많은 식민지들이 독립되었는데, 프랑스는 미국으로부터 재건 원조*를 받으면서도 인도차이나에 대한 지배권을 놓지 않으려고 했다. 심지어 6·25 전쟁을 자국 내 반공 의식 고취에 활용하며 더욱 인도차이나 수탈에 앞장섰다. 그러나 디엔비엔푸 전투에서 베트민군이 프랑스 군대를 섬멸함으로써 베트남은 자주적 독립을 쟁취하게 된다. 그러나 애석하게도 베트남에서의 전쟁은 그것으로 끝이 아니었다.

이후 분단된 베트남에서 베트남전쟁이 발발하고 미국이 전쟁에 개입한 뒤로 사실상 11년에 걸쳐 베트남은 미국과의 전쟁을 치르게 된다. 그런데 1968년 1월 30일 음력설에 펼쳐진 북베트남 인민군과 남베트남 민족해방전선의 '구정** 대공세'가 자신만만해하던 미국의 혼을 쏙 빼버리며 강력한 충격을 선사했다. 구찌터널을 통해 병력과 무기를 메콩강 남쪽으로 이동시킨 북베트남군의 게릴라전술에 전쟁의 판도가 완전히 바뀌었고, 보급로가 구찌터널이라는 것을 알아차리지 못한 미국이 네이팜탄과 클러스터 폭탄

---

*제2차 세계대전 후 미국의 원조로 이루어진 유럽의 경제 부흥 계획인 '마셜플랜'을 말한다.
**베트남 현지에서는 음력설을 '뗏tết'이라 부른다.

을 사용하여 어마어마한 사상자를 낸다. 이 당시 사용된 폭탄이 제2차 세계대전에서 사용된 폭탄의 몇 배였다고 하니, 그 참상이 얼마나 심했을지 어느 정도 가늠이 된다.

이와 같은 전쟁 수행에 있어 엄청난 양의 물자가 필요했는데, 그 생산과 설비를 담당한 것이 바로 대한민국과 일본이었다. 덕분에 대한민국과 일본의 경제에는 활력이 돌았는데, 급히 생산된 폭탄에 문제가 있었다. 엄청난 양의 '불량품'이 생산된 것이다. 당시 투하된 폭탄의 상당수가 불발되었고, 라오스에는 지금도 수많은 불발탄이 남아 있다.*

베트남전쟁은 1975년 북베트남의 승리로 끝이 난다. 이어 라오스에는 수파누봉이 이끄는 파테트 라오**가, 캄보디아에는 폴 포트가 이끄는 크메르 루주***가 집권하고, 이 두 정권은 세계적으로 악명 높은 반미 공산 정권이 된다.

---

* 라오스는 매우 비극적인 역사를 가진 나라 중 하나다. 최근에 방송 프로그램에서 아름답게 그려져 유명 관광지가 되었는데, 실은 베트남전쟁 당시 미국이 국토 전역에 뿌려놓은 불발탄이 아직도 제거되지 않은 채로 남아 있는 나라다. 그런 불발탄으로 인해 개발은커녕 발을 들이기조차 힘든 땅이 전 국토의 75퍼센트나 된다.
** 라오스의 좌파 연합전선으로 '라오스의 나라'라는 뜻이며 '라오스애국전선'이라고도 불린다.
*** 캄보디아 공산당.

베트남전쟁과 대중가요

한국 록의 대부인 신중현은 직접 노래했을 뿐만 아니라 다양한
가수들을 배출해 내기도 했다. 신중현은 1960년대 펄 시스터즈를
시작으로 1969년 김추자, 1971년 김정미 두 섹시 스타를 길러내
큰 성공을 거둔다.

베트남 현지 국군의 군영에서 김추자의 인기를 능가하는 사람
은 없었다고 전해진다. '담배는 청자* 노래는 추자'라는 말까지 유
행했을 정도다. 「늦기 전에」「거짓말이야」「님은 먼 곳에」「월남에
서 돌아온 김상사」 등의 노래는 바다 건너 저 멀리 전쟁터에서 불
안감에 떨던 파월 장병들의 가슴을 후벼 팠다.

사랑한다고 말할 걸 그랬지
님이 아니면 못 산다 할 것을

---

* 1969년 출시된 한국 최초의 고급 담배.

사랑한다고 말할 걸 그랬지

망설이다가 가버린 사람

마음 주고 눈물 주고 꿈도 주고 멀어져 갔네

님은 먼 곳에 영원히 먼 곳에

망설이다가 님은 먼 곳에

「님은 먼 곳에」에서

한편 미국 내에서 대학생들의 반전시위가 확산되기 시작했다. 1968년엔 컬럼비아대학교에서 학생들이 학교를 점거하고 농성을 벌이는 일까지 일어났다. 컬럼비아대학교가 미국 국방부 소속 무기 연구소와 연결되어 있다는 사실이 밝혀졌기 때문이다. 당시 젊은이들은 명분 없는 전쟁에 죄 없는 젊은이들이 희생되고 있는 현실에 저항하며 1970년대 초반까지 반전시위를 지속했는데, 당대 최고 스타였던 비틀스가 발표한 「Let it be」에 '간섭하지 말고 내버려 두라'는 이러한 반전 의식이 잘 담겨 있다.

When I find myself in times of trouble

힘든 고민에 빠져 있는 내게

Mother Mary comes to me

어머니께서 다가와

Speaking words of wisdom

지혜로운 말씀을 해주시네요

let it be

내버려 두라고요

And in my hour of darkness

그리고 내가 어두운 시간을 지나고 있을 때

She is standing right in front of me

그녀가 내 앞에 서서

Speaking words of wisdom

지혜로운 말씀을 해주시네요

let it be

내버려 두라고요

let it be, let it be, let it be, let it be

내버려 두어요, 내버려 두어요

Whisper words of wisdom

지혜로운 말씀을 속삭여 주시네요

let it be

내버려 두라고요

「Let it be」에서

4부

일제강점기 우리 민족의 설움을 노래하다

민족의 한을 노래한
청년 임방울

○

고 노무현 대통령의 추모곡으로 김광석*의 「부치지 않은 편지」
를 떠올리는 사람이 많다. 많은 곳에서 노무현 대통령을 추모할
때 이 노래를 사용했기 때문인데, 실제 노무현 대통령의 노제路祭
에서 안숙선 명창이 불렀던 노래는 일제강점기 우리 민족의 명
창 임방울이 직접 지은 판소리 형식의 노래 「추억」이었다. 70년

---

* 1990년대의 마지막 정통 포크 가수로 평가받는 싱어송라이터. 1984년 명지대학교 재학 중에 김민기
의 앨범 작업에 참여하며 데뷔했다. 노래를 찾는 사람들 1집에 참여했으며 동물원의 보컬로도 활동했
다. 본문에 언급된 「부치지 않은 편지」를 비롯해 「일어나」 「이등병의 편지」 「서른 즈음에」 「사랑이라
는 이유로」 「사랑했지만」 「그녀가 처음 울던 날」 「흐린 가을 하늘에 편지를 써」 「너무 아픈 사랑은 사
랑이 아니었음을」 등 주옥같은 노래를 불러 큰 사랑을 받았는데, 1996년 1월 6일 갑작스러운 죽음으로
온 국민을 충격에 빠트렸다.

도 더 전에 만들어진 이 노래가 대대로 계승되어 마침내 대통령의 장례식에서 불러져 온 국민의 심금을 울릴 줄이야 누가 짐작이나 했겠는가.

앞산도 첩첩허고 뒷산도 첩첩헌디
임은 어디로 행하시는가
황천이 어디라고 그리 쉽게 가시려고
그리 쉽게 가려거든 당초에 오지나 마시든지
모든 이에게 슬픔을 남기고 떠나시니
백 년을 통곡한들 어느 때나 뵈오리까
무거운 짐 다 내려놓으시고
뒤에 남은 모든 이들이
사람 사는 좋은 세상
행복하게 살아가도록
굽어살피어 주옵소서
보고지고 보고지고
임의 얼굴을 보고지고
보고지고 보고지고

고 노무현 대통령 노제에서 안숙선 명창이 부른 「추억」

원조 한류스타였다고 해도 과언이 아닌 임방울은 1905년[*] 전라남도 광산군 송정읍 도산리[**]에서 태어나 격동의 시대를 살아낸 예술인이다. 어릴 적부터 일찌감치 판소리를 배우며 자란 그는 1929년 매일신보사에서 주최한 '조선명창대연주회'와 1930년 동아일보사의 '명창경연대회'를 통해 이름을 전국적으로 알리기 시작했다.

당시 임방울은 20대 중반의 나이로 판소리 〈춘향가〉에 나오는 「쑥대머리」를 열창하여 장내를 압도했다고 한다.

쑥대머리 귀신형용 적막옥방의 찬 자리에
생각난 것이 임뿐이라
보고지고 보고지고 한양낭군 보고지고
오리정 정별 후로 일장서를 내가 못 봤으니
부모봉양 글공부로 겨를이 없어서 이러는가
연이신혼 금슬우지 나를 잊고 이러는가
계궁항아 추월같이 번뜻 솟아서 비치고져
막왕막래 막혔으니 앵무서를 내가 어이 보며

---

* 임방울의 출생 시기, 가족 관계가 자료마다 차이를 보이는데, 이 책에서는 호적등본에 기록된 공식적인 생년을 따랐다.
** 지금의 광주광역시 광산구 도산동.

전전반측 잠 못 이루니 호접몽을 어이 꿀 수 있나

판소리 〈춘향가〉의 한 대목 「쑥대머리」에서

「쑥대머리」는 쑥대처럼 헝클어진 머리가 된 춘향이가 찬 바
람 부는 옥방에서 한양으로 떠난 낭군 이몽룡을 그리워하는 내
용을 담은 옥중가다. 춘향이가 정절을 지키기 위해 수청 들 것을
거절한 대가는 혹독한 매질과 모욕 그리고 옥살이였다. 얼마나
서러운 상황인가. 그런 한스러운 정서를 스물다섯 살의 젊은 남

임방울 공연 모습, 1930년대

성 임방울이 완벽하게 재현해 냈고, 이것이 당시의 시대상과 맞물려 듣는 관객들의 마음을 울렸다. 억울하게 옥에 갇힌 춘향이의 설움이 당시 일제의 폭압과 침탈에 속수무책으로 당해야 했던 우리 민족의 감정을 제대로 자극한 것이다. 임방울의 폭발적 인기의 비결도 결국 동병상련同病相憐의 아픔이었다고 할 수 있다.

신앙 수호 항일운동과
「저 높은 곳을 향하여」

○

성공적인 만주 침략에 도취된 일본 제국주의 관리들은 식민지 조선을 노골적으로 비하하고 약탈하기를 서슴지 않았다. 1930년대에 접어들어서는 황국신민화 정책의 일환으로 조선인에게 신사참배를 강제하기에 이르는데, 급기야 1938년 2월엔 '기독교에 대한 지도 대책'을 세워 종교인들에게까지 신사참배를 강요한다. 부처든 예수든 조상이든 신으로 인정할 수 없으니 일본의 히로히토 천황과 일본 왕실의 신들에게 절하라. 정말이지 말도 안 되는 강요였다.

일제의 탄압에 수많은 종교인들이 결국 굴복하여 신사참배를 결의했다. 종교·사회적 지도층의 그러한 배신과 변절에 많은 이들이 좌절하고 애통해했지만 어쩔 수가 없었다. 일본은 에도막부 시절 혹심하게 기독교를 탄압하여 교세를 꺾어버린 경험이 있어서인지 조선의 기독교에 대한 탄압을 철저하게 해냈다.

聲明書(성명서)

我等(아등)은 神社(신사)는 宗敎(종교)가 아니오 基督敎(기독교)의 敎理(교리)에 違反(위반)하지 않는 本意(본의)를 理解(이해)하고 神社(신사) 參拜(참배)가 愛國的(애국적) 國家儀式(국가의식)임을 自覺(자각)하며 또 이에 神社(신사) 參拜(참배)를 率先(솔선) 勵行(여행)하고 追(추)히 國民精神總動員(국민정신총동원)에 參加(참가)하여 非常時局下(비상시국하)에서 銃後(총후) 皇國臣民(황국신민)으로써 赤誠(적성)을 다하기로 期(기)함

右聲明(우성명)함 昭和(소화) 13년 9월 10일 朝鮮(조선)예수敎長老會總會長(교장로회총회장) 洪澤麒(홍택기)[*]

먼저 평양노회[**]가 앞장서서 신사참배를 가결했다. 심지어는 신사참배에 솔선하여 황국신민으로서 정성을 다하라는 망발까

---

[*] 곽진근 편저, 『朝鮮耶穌敎長老會總會第二十七回會議錄』, 조선예수교장로회, 1938, 9쪽.
[**] 북한에서 피난 온 목사들이 결성한 대한예수교장로회 교단 소속 기독교 조직.

지 늘어놓았다. 여기에 반기를 든 이가 있으니 산정현교회*의 담임목사이자 고당 조만식의 제자였던 목사 주기철이었다.

---

* 1906년 평양에 설립된 장로교회로, 6·25 전쟁 당시 공산당의 핍박을 피해 부산으로 피난하였다가 서울 수복 후 서울로 올라와 다시 자리를 잡았다. 현재는 서울 회기동, 후암동, 서초동과 부산 사하구 괴정3동 네 곳에 평양 산정현교회를 모체로 하고 있는 산정현교회가 있다.

계명誡命에 우상을 섬기지 말라고 하여 선조에게 제사의 절을 하지 아니하는 기독교인이 일본의 신령 앞에 절을 하는 것이 어찌 죄가 아니 되겠는가요?*

주기철 목사는 십계명에 우상을 섬기지 말라고 나와 있으므로 결코 신사참배를 할 수 없다며 완강하게 거부했다. 이와 같은 일사각오一死覺悟의 믿음으로 신사참배를 끝까지 거부하자 점차 많은 사람들이 그를 따랐다. 이에 일본 경찰은 주기철을 강하게 탄압하기 시작한다. 주기철 목사의 파란만장한 삶을 그린 영화 〈저 높은 곳을 향하여〉**에 주기철 목사가 일제의 경찰에게 받은 고문이 잘 재현되었다.***

주기철 목사가 다섯 번째로 구속되던 날 아침, 스무 명의 성도들이 집 앞으로 찾아왔다. 그때 주기철 목사가 평소 좋아했던 노래를 다 같이 부르는데, 그 노래는 바로 찬송가 「저 높은 곳을 향하여」였다.

저 높은 곳을 향하여 날마다 나아갑니다
내 뜻과 정성 모아서 날마다 기도합니다

* 김석진, 『한세상 다하여』, 광명출판사, 1972, 135-136쪽.
** 오늘날에도 지대한 영향력을 갖고 있는 영락교회가 제작에 참여한 1977년 영화다.
*** 주광조, 『죽음을 이겨낸 영원한 삶』, ㈜대성 JCR, 2006, 76쪽.

내 주여 내 맘 붙드사 그곳에 있게 하소서
그곳은 빛과 사랑이 언제나 넘치옵니다
괴롬과 죄가 있는 곳 나 비록 여기 살아도
빛나고 높은 저곳을 날마다 바라봅니다
내 주여 내 맘 붙드사 그곳에 있게 하소서
그곳은 빛과 사랑이 언제나 넘치옵니다

찬송가 491장 「저 높은 곳을 향하여」에서

일제는 아무리 탄압해도 오히려 그를 따르는 사람이 많아지고 신사참배 저항의 물결이 전국적으로 확산되는 것을 보고 주기철을 아예 죽여버리기로 결심한다. 1944년 4월 21일 밤 9시, 면회를 온 아내 오정모 여사와 만난 지 하루가 채 지나지 않아 주기철 목사는 일본 경찰이 놓은 살인용 주사로 인해 서거한다.*

사실 당시 신사참배 반대했던 종교인은 주기철 목사 말고도 많았다. 그중 상징적인 인물이 손양원** 목사인데, 손양원 목사 역시 주기철 목사와 각별한 사이였다고 한다. 그런데 유독 주기철 목사가 유명한 이유는 강한 탄압을 받으면서도 무릎 꿇지 않고 죽을 각오로 기도를 하면서 저항하고 회유를 거부하다 결국

---

* 1968년 7월 20일 자 『기독신보』 제160호 3면에 주기철 목사와 함께 수감되었던 안이숙 여사의 인터뷰가 실렸다. 여기에서 안이숙 여사가 폭로하길, 주기철 목사가 일제 경찰이 놓은 살인용 주사에 의해 살해되었다는 것이다. 다음은 박용규 목사가 쓴 주기철 목사의 전기 『저 높은 곳을 향하여』에 인용된 해당 인터뷰의 일부이다.
"병약한 안 여사에게 친절을 베풀던 의무과장이 하루는 안 여사에게 주기철 목사의 주검을 알려주면서 다음과 같은 사실을 귀뜸해 주었다고 한다. 즉 의무과장이 하루는 상부로부터 갑자기 해주로 출장명령을 받았다는 것이다. 그래서 명령대로 평양에서 해주에 갔다 오니 조수(일본인)가 '주기철 목사의 사망'을 보고하기에 시기적으로 생각 밖이라 눈을 부릅뜨고 '무슨 말이냐?'고 호통을 쳤다는 것이다. 그랬더니 일본인 조수의 답변이 '몸이 아프다기에 주사를 놓았으나 죽었습니다.'고 말하기에 빈 주사통을 자세히 보니 살인용 주사였다고 한다. 이 같은 사실을 듣고 안 여사는 3일간 울었다고 한다."

** 본명은 '손연준'이다. 경상남도 함안 출생으로 기독교 집안에서 자랐다. 서울 중동학교에 입학했으나 부친의 독립운동으로 가세가 기울어 중도 포기하고 평양신학교에 들어가 목사의 길을 걷는다. 일제 강점기 당시 일제가 그의 신앙을 바꿔놓으려고 일본 스님을 불러 전도를 했는데 오히려 스님을 분노케 한 일화가 유명하며, 신사참배를 끝까지 거부하여 1940년 투옥된 뒤 1945년 해방이 될 때까지 옥살이를 했다. 해방 이후 여수의 애양원에서 나병 환자들을 돌보는 데 일생을 바치기로 하고 이름을 손양원으로 바꾼다. 후일 여수·순천 사건 때 자신의 두 아들을 죽인 안재선을 용서하고 오히려 양자로 받아들여 주변을 크게 감동시켰다. 6·25 전쟁이 일어났음에도 환자를 지키기 위해 애양원에 남아 있다가 북한군에게 체포되었고, 안타깝게도 인천상륙작전 직후 총살된다. 진정한 기독교 정신을 실천하여 '사랑의 원자탄'이라고 불리는 인물이다.

순교했기 때문이다.

　주기철 목사는 전국의 수많은 종교인들에게 큰 영향을 끼쳤다. 용기를 내서 신사참배 거부 의사를 밝히는 이들이 많아졌고, 기독교인을 '예수쟁이'라고 일컫는 기자들도 줄었다. 일제가 무력으로 기독교를 탄압하려 했던 것이 도리어 이 땅에 기독교가 보편 종교의 하나로 자리하는 데 결정적 계기로 작용한 것이다.

　신사참배는 식민지 조선의 종교계와 사상계를 모두 장악하려고 했던 일제의 간악한 술책이었다. 기독교에서 이야기하는 이른바 사탄의 술책이다. 많은 종교인들이 협박과 회유에 넘어가 마치 일제가 성공하는 듯 보였으나 그것은 잠시뿐이었다. 일제는 결국 주기철, 손양원 목사를 비롯한 많은 이들의 비폭력 저항으로 인해 역으로 사상 통제에 상당한 손실을 입게 된다.

일제의 만주 진출 과정

임방울의 판소리가 인기를 끌던 1930년대, 일본 제국주의는 한층 약탈적이고 파괴적인 모습으로 아시아를 야금야금 먹어 들어갔다. 1919년 3월 1일 거국적인 항일 만세 운동과 4월 11일 대한민국임시정부 수립, 이승만과 안창호를 비롯한 수많은 독립운동가의 독립운동까지 모든 것을 눈 뜨고 지켜봐야 했던 일본은 1920년대 독립운동가와 지식인들을 전향시키는 회유, 협박 공작을 자행하기 시작한다. 무엇보다 민족 대표 33인과 천도교, 불교, 기독교, 천주교 종교인들을 전향시키기만 하면, 조선 지배가 훨씬 수월해질 터였다. 1920년대 문화통치는 이런 악랄한 계산 속에서 진행된 일이었다.

1930년대에 접어들자 일제는 19세기 말부터 장악하고 있던 소위 관동주*를 기점으로 만주와 중국 강남 지방**으로의 진출을

---

* 오늘날 다롄·뤼순 지역으로 1905년부터 1945년까지 일제의 조차지租借地였다.
** 중국 양쯔강 이남 지역을 이른다.

꾀했다. 그 선두에 섰던 것이 일본의 대재벌들이었다. 미쓰이, 미쓰비시, 도시바, 혼다, 산요, 히타치 등의 철강, 금속, 정유 기업들이 '대동아공영권'이란 기치를 내걸고, '일본이 방어하지 않으면 서구 열강이 동아시아를 장악할 것'이라는 말도 안 되는 명분을 내세운 일제의 탐욕적인 팽창정책에 힘을 보탠다. 식민지 조선 내부에서도 조선방직과 경성방직 등의 옷감 생산업체들이 일제의 중국 진출에 적극 협조하며 자본주의 기업인들의 친일을 선도하게 된다. 참으로 통탄할 일이다.

분열되고 혼란한 중국의 약세를 틈탄 이 같은 일제의 만주 진출은 협잡의 소산이고 침략 야욕일 뿐이었다. 중화민국 총통 장제스에게 만주 군벌 지도자 장쭤린이 밀리기 시작하자, 일본 본국에서 장쭤린에게 협력 의사를 타진한다. 그러나 이와 같은 천황파의 계획에 반대하던 관동군 사령부가 열차에 폭탄을 설치해 장쭤린을 폭살해 버리고, 장쭤린의 아들 장쉐량은 항일을 선언하고 장제스에게 귀순한다. 이에 일제는 만주 전체를 먹어버릴 계획을 세우고 침략 명분 만들기에 들어가는데, 그 과정에서 일어난 사건이 만주사변*이다.

이때부터 만주는 일본이 벌이는 중국 본토와 러시아 극동 지방

---

* 일본 관동군이 1931년 9월 18일 스스로 만철 선로를 폭파하고 이를 동북군 소행이라고 발표한 뒤(류탸오후 사건) 만주 지역을 점령한 사건이다. 중국 침공과 만주 식민지화를 위한 일본의 조작 사건이라 할 수 있다.

침략 전쟁의 병참기지로 변화한다. 일본은 국가 채권을 발행해서 기업들의 만주 진출을 부추긴다. 만주 전역에 철도를 부설하는 사업을 벌이고 남만주철도주식회사, 이른바 만철을 일제 최고의 싱크 탱크로 만드는 데 성공한다. 이때 상당수의 외국인 공학자, 건축학자 들이 일본으로 수입되어 활약했다. 이 시기 식민지 조선에서도 기업인들이 더 적극적인 친일을 장려했는데, 그 대표적인 인물이 삼양그룹의 창업주 김연수*다.

미국발 경제 대공황의 여파로 장기적 경기 불황을 겪는 와중에 일제는 만주 침략으로 돌파구를 찾은 것이었다. 그 덕분에 일본은 경제 대공황의 여파를 느낄 수 없을 정도로 양적·질적으로 팽창했다. 이렇게 일제의 만주 지역 철도 건설이 진행되었고, 이는 모두 산업 부흥과 침략전쟁의 준비 차원에서 벌인 일이었다.

이런 와중에 1932년 4월 29일 상하이의 홍커우공원에서 전승 및 천장절** 기념식이 열렸는데, 사열대를 향해 폭탄이 투척된다. 이 사건이 윤봉길 의사의 '홍커우공원 의거'이다. 이 사건으로 상하이 파견군 사령관이자 관동군 사령관이었던 시라카와 요시노리가 목숨을 잃는다. 일제는 중화민국 장제스 외에도 대한민국임시정부가 엄연히 적으로서 존재하고 있음을 깨닫고 통탄했다고

* 고려대학교와 동아일보사를 설립한 인촌 김성수의 동생이다.
** 일본 천황 히로히토의 생일.

한다.

중국 최대의 상공업 도시 상하이는 1932년 4월과 1937년 11월 두 차례에 걸쳐 일제에 점령당한 바 있다. 일제의 첫 번째 상하이 침탈은 만주 침략의 서막이었고, 두 번째 침탈은 제2차 세계대전의 서막이었다.

전쟁과 함께 성장한 일본 재벌

전쟁은 모두 비극이지만, 역설적이게도 인류의 문명을 비약적으로 발전시키는 원동력이기도 하다. 어떻게 하면 자신을 지키면서 적에게는 패망을 안겨다 줄 수 있는지를 생각하는 힘이 인류 역사를 발전시키는 힘이 되어왔다는 이야기다. 20세기 일본도 예외는 아니었다. 미쓰이, 미쓰비시, 스미토모 등 재벌들은 만주사변과 중일전쟁 그리고 제2차 세계대전 등을 거치면서 만주와 중국 그리고 동남아시아와 태평양 해역 개발을 통해 엄청난 사세 팽창을 이루어내며 일본의 경제발전을 이끌었다. 그런데 거기서 더 나아가 대부분의 전쟁 기획을 재벌들이 담당했기에, 제2차 세계대전 종전 후 일본을 다스렸던 연합국 최고사령부도 가장 먼저 해체하려고 한 것이 재벌이었다.

1940년 만주 지역과 중국 본토 전역에 전투폭격기가 날아다니며 수많은 이들을 공포에 떨게 했다. 1939년 4월 1일 첫 비행에 성공하고 이듬해 중일전쟁에 투입된 일제의 영식함상전투기零式艦上戰

일제의 영식함상전투기 A6M.

鬪機 A6M, 이른바 '제로센'이었다. 중일전쟁의 판도를 바꾼 이 전투기의 제조사가 바로 다름 아닌 미쓰비시다. 제로센은 바다에 떠 있는 항공모함에서 발진해서 그 드넓은 만주와 중국 본토를 누비다 목표물을 파괴하고 유유히 귀환하곤 했다. 하늘에 적수는 없었다.

이렇게 우수한 기술력을 일본만의 힘으로 갖춘 것은 아니었다. 독일과 미국의 기술자들을 고액의 연봉으로 스카우트해 온 결과였다. 그래서 처음 태평양전쟁을 일본이 일으켰을 때 미국 공군도 제로센의 엄청난 위력 앞에서 속수무책이었다고 한다.

제2차 세계대전의 주축국이었던 독일의 공군 부대는 히틀러의

최측근 괴링 원수元帥가 이끄는 무적의 루프트바페Luftwaffe였다. 먼저 독일 공군이 한 차례 쓸고 가면 독일 전차 군단이 다시 확인사살을 하는 정도였다. 같은 주축국이었던 일본도 마찬가지였다. 일본 공군의 군사력은 미쓰이와 미쓰비시 두 회사의 기술력과 자본력에서 기인한 것이었다. 한편 식민지 조선의 신문에는 연일 친일파들이 자신들이 공군 전투기 몇 대를 헌납했는지에 대한 기사가 실렸다.

흥남에서는 질소비료가, 송림에서는 철강이 생산되었고 압록강의 수풍리에서는 세계 최대 규모의 수력발전*이 행해졌다. 일본 미쓰이, 미쓰비시, 스미토모 3대 재벌은 이 세 곳의 산업 시설을 아무런 대가 없이 마음껏 누렸다. 그로 인해 재벌이 얼마나 성장했냐면, 종전 후 미쓰이는 연합국 최고사령부에 의해 해체될 때 계열사가 450여 개나 될 정도로 몸집이 불어나 있었다.

* 일제는 만주국과 한반도 전역의 전기 수요를 감당하기 위해 1937년 수풍수력발전소를 건설한다. 댐은 신의주에서 약 80킬로미터 떨어진 압록강 상류 지점에 건설되었다. 흥남의 조선질소비료 주식회사가 모든 비용을 감당했으며, 시바우라제작소가 발전기를 만들었다. 시바우라제작소는 1939년 도쿄전기와 합쳐져 도쿄시바우라전기주식회사, 오늘날 '도시바'로 재탄생한다. 수풍수력발전소는 1943년 완공 당시 발전 전력량이 60만킬로와트에 달했으며, 지금도 북한 최대의 발전소로 남아 있다.

일제와 소련 그리고 고려인

일제는 태평양전쟁 당시 모스크바에 파견된 주소련 일본 공사에게 자꾸 소련이 일본을 도울 것을 기대하고 있다는 내용의 천황 친서를 보냈다고 한다. 일본 공사는 그것은 불가한 일이라고 했으나, 전쟁을 지휘하는 도쿄의 대본영에서는 정세를 바로 보지 못하고 자신들을 공격하는 미국, 영국과 달리 소련은 자기들 편이 되어줄 것이라고 굳게 믿어버린다. 오만함 때문에 국제 정세를 잘못 파악한 것이다.

소련군은 동부전선 공략에 많은 희생을 치렀지만 미국이 일본 열도에 원자탄을 투하한 덕분에 일본과의 극동 전선에서는 신속하게 승리를 거둔다. 만주국의 수비를 담당하던 관동군 총사령관 야마다 오토조는 일본 천황보다 4일 늦은 8월 19일에 항복 선언을 한다. 그 당시 일본 관동군의 전력은 10만여 명으로, 1941년 가장 강성했을 때의 10분의 1 수준밖에 되지 않았다. 동남아시아와 남태평양의 전선으로 주력군이 옮겨졌기 때문이었다. 결국 소련

은 약해진 일본군을 상대로 손쉽게 항복을 받아내고 만주와 한반
도 북부 지역까지 접수해 버리는 행복한 전과를 올린다. 앞서 기
술했지만 만주와 중국 동북 지방 그리고 한반도 북부 지역은 일제
의 모든 첨단 산업 시설이 몰려 있는 지역이었다. 이 지역의 원활
한 지배를 위해 소련군은 대리인으로 김일성을 선택한다.

시계를 조금만 뒤로 돌려보자. 일제강점기 스탈린은 우리 민족
에게 씻을 수 없는 슬픈 상처를 남겼다. 1937년 연해주에 살던 우
리 조선인들을 강제 이주시킨 당사자가 바로 스탈린이다. 당시 연
해주에 살던 우리 동포 약 17만여 명이 영문도 모른 채 강제로 열

연해주로 이주한 초기 고려인의 주거 형태.
1895년 러시아 황실에서 편찬한 서적에 실린 삽화이다. 사진 제공: 월곡고려인문화관 결

차에 태워져 중앙아시아 카자흐스탄으로 보내졌다. 수많은 사람들이 열차 안에서 사망했고, 열차 타기를 거부했던 남자들이 소련군에게 총살당하기도 했다. 이것이 오늘날 우리가 '고려인 강제 이주 사건'이라고 부르는 일이다. 잘 알려진 대로 지금도 중앙아시아에 '고려인'이라고 불리는, 당시 이주민들의 후손들이 살고 있다.

이 시기 스탈린은 자신의 자리를 지키기 위해 이른바 '대숙청'을 자행했는데, 고려인 강제 이주 또한 그 일환이었다. 우리 민족을 그대로 연해주에 놔두면 일본군의 간첩 활동을 하거나 소련으로부터 독립을 추구할 것이라는 스탈린의 광적인 의심병 때문에 이런 처참한 대우를 당한 것이었다.

노래가 우리에게
말해주는 것

○

이 책은 기존의 역사서와는 다르다. 대중가요 자체를 설명하기도 하지만, 그것을 하나의 사료로 삼아 대한민국의 통한과 발전의 역사를 설명하고 있다. 이러한 역사 서술은 분명 주류가 아니다. 그럼에도 불구하고 이러한 시도를 하는 이유는, 이것이 제3세대 역사학 서술 기법이라고 믿고 있기 때문이다. 필자는 이러한 시도들이, 역사교육이 공급자 중심에서 수요자 중심으로 바뀌어나가는 변화의 초석이 될 것이라 확신한다.

키다리 미스터 김은 싱겁게 키는 크지만

그래도 미스터 김은 마음씨 그만이에요

세상에 키 크고 싱겁지 않은 이 없다고 말을 하지만

그래도 그이는 그렇지 않아요 정말로 멋쟁이에요

「키다리 미스터 김」에서

1966년 발표된 이금희의 「키다리 미스터 김」이라는 노래다. 이런 노래가 어째서 금지곡 신세가 되었을까. 이 노래가 금지곡이 된 이유는 놀랍게도 단신이었던 박정희 대통령의 심기를 불편하게 할 수 있다는 이유였다. 현실이 이 지경이었으니 얼마나 많은 창작과 천재성이 검열이라는 탄압에 사라져 갔을지 상상이 되지 않는다. 우리가 이런 말도 안 되는 시절을 살아내며 민주화를 이루어냈음을 수많은 곡이 증언해 주고 있다

아, 산이 막혀 못 오시나요

아, 물이 막혀 못 오시나요

다 같은 고향 땅을 가고 오건만

남북이 가로막혀 원한 천 리 길

꿈마다 너를 찾아 꿈마다 너를 찾아

삼팔선을 헤맨다

아, 어느 때나 터지려느냐
아, 어느 때나 없어지려느냐
삼팔선 세 글자는 누가 지어서
이다지 고개마다 눈물이던가
손 모아 비나이다 손 모아 비나이다
삼팔선아 가거라

「가거라 삼팔선」(1947) 원곡 가사 전문

끝으로 「가거라 삼팔선」을 살펴보고자 한다. 이 노래는 1947년, 당시 가요계 최고 스타였던 남인수가 불러 메가 히트를 기록한 노래다. 광복 직후부터 오늘날 2023년에 이르기까지 무려 80년 가까이 이어진 '남북분단'이라는 기막히고 한 서린 민족적 현실을 이 노래만큼 잘 담아낸 곡은 없다. 특히 남인수의 애절한 목소리가 듣는 사람의 폐부를 찌른다. 그런데 이 곡이 반야월에 의해 1949년 개사된다.

아, 산이 막혀 못 오시나요
아, 물이 막혀 못 오시나요
다 같은 고향 땅을 가고 오건만
남북이 가로막혀 원한 천 리 길

꿈마다 너를 찾아 꿈마다 너를 찾아
삼팔선을 탄한다

아, 꽃 필 때나 오시려느냐
아, 눈 올 때나 오시려느냐
보따리 등에 메고 넘던 고갯길
산새도 나와 함께 울고 넘었지
자유여 너를 위해 자유여 너를 위해
이 목숨을 바친다

아, 어느 때나 터지려느냐
아, 어느 때나 없어지려느냐
삼팔선 세 글자를 누가 지어서
이다지 고개마다 눈물이던가
손 모아 비나이다 손 모아 비나이다
삼팔선아 가거라

「가거라 삼팔선」(1949) 개사곡 가사 전문

　‘헤맨다’가 ‘탄한다’로 바뀌었고, 새롭게 2절이 추가 되며 기존
2절이 3절로 갔다. 새롭게 추가된 가사를 보면 ‘자유’가 반복되

는데, 반공주의를 느끼지 않을 수 없을 것이다. 대중가요를 통해 북한 공산주의의 전체성에 반대되는 '자유 대한'을 강조한 것이다.*

이렇듯 우리가 사랑한 노래에는 우리의 역사, 우리 사회 가장 아래에 쌓여 흐르는 민중의 열망 즉 역사적 저류지속성이 담겨 있다. 책을 읽으며 독자분들께서 느끼셨는지 모르겠다. 절대로 소수 엘리트에 의해서 사회가 움직이는 것이 아니다. 자본주의도 민주주의도 깨어 있는 민중의 힘에 의해서 발전한다. 독자분들께 이러한 사실이 잘 전달되었다면 저자로서 더 바랄 것이 없을 것이다.

---

* 2023년 오늘날 대통령의 대북정책 기조가 이러한 행태와 다를 것이 하나도 없으니, 세계적인 경제 강대국이자 둘째가라면 서러울 민주주의 국가가 되었지만 우리 현실은 78년간 조금도 변하지 않은 듯하여 가슴이 아프다.

단행본

곽진근 편저, 『朝鮮耶穌教長老會總會第二十七回會議錄』, 조선예수교장로회, 1938.

김삼웅, 『해공 신익희 평전—독립운동과 민주화의 큰 별』, 동아시아, 2022.

김석진, 『한세상 다하여』, 광명출판사, 1972.

김형찬, 『한국대중음악사 산책』, 알마, 2015.

박용규, 『저 높은 곳을 향하여』, 한국양서, 1981.

이덕주, 『주기철—사랑의 순교자』, 홍성사, 2023.

이영훈, 『그 노래는 왜 금지곡이 되었을까』, 휴앤스토리, 2021.

조영래, 『전태일 평전』, (사)전태일기념사업회, 2009.

주광조, 『죽음을 이겨낸 영원한 삶』, (주)대성 JCR, 2006.

주기철, KIATS 엮음, 『주기철』, 홍성사, 2008.

천이두, 『전설의 명창 임방울—고독한 광대의 생애』, 한길사, 2009.

허훈·강석찬·조윤기·동두천시, 『동두천과 주한미군』, 조명문화사, 2016.

논문

옥성득, 「신사참배로 가는 길」, 『기독교사상』, 731, 155-167, 대한기독교서회, 2019.

이상규, 「주기철 목사의 신사참배 반대와 저항」, 『기독교 사상연구』, 4, 197-232, 고신대학교 기독교사상연구소, 1997.

기사

임방울, 「나와 唱劇」, 『조선일보』, 1956. 05. 28.

정두수, 「가요100년 그노래 그사연 <40> 비 내리는 호남선」, 『동아일보』, 1992. 05. 09.

최동현, 「[최동현의 명창이야기] (18)근대 문물이 만든 명창 임방울(1)」, 『전북일보』, 2010. 02. 01.

최동현, 「[최동현의 명창이야기] (19)근대 문물이 만든 명창 임방울(2)」, 『전북일보』, 2010. 02. 08.

최동현, 「[최동현의 명창이야기] (20)근대 문물이 만든 명창 임방울(3)-추억」, 『전북일보』, 2010. 02. 22.

「大統領候補 申翼熙先生急逝」, 『동아일보』, 1956. 05. 06.

「白沙場에30萬雲集」, 『경향신문』, 1956. 05. 05.

「人氣의焦點인 名唱競演大會」, 『동아일보』, 1930. 02. 08.

「最後關頭에선山亭峴敎會」, 『동아일보』, 1939. 10. 25.

「平壤山亭峴敎會에當局, 最後通牒 神社參拜하겟느냐?閉鎖하겟느냐?」, 『조선일보』, 1939. 10. 22.

「平壤神社에 參拜하는 長老敎總會首腦部들」, 『매일신보』, 1938. 09. 12.

「韓·日國交正常化企圖 申翼熙氏, 高位會談을提議」, 『경향신문』, 1956. 04. 04.

그때 그 시절,
우리가 사랑한 노래들

2023년 10월 24일 초판 1쇄 펴냄
2023년 11월 24일 초판 2쇄 펴냄

지은이 배기성

펴낸이 공재우
펴낸곳 도서출판 흠영 등록 2021년 9월 9일 제395-2021-000171호
주소 경기도 고양시 덕양구 동송로 33 이편한세상시티삼송 2층 32호 A223(동산동)
전화 010-3314-1755 전송 0303-3444-3438
전자우편 manju1755@naver.com 블로그 blog.naver.com/manju1755
인스타그램 instagram.com/heumyeong.press

편집 공재우 심온결
디자인 김선미
제작 영신사

ISBN 979-11-976400-3-2 03910